经济学学术前沿书系
ACADEMIC FRONTIER
ECONOMICS BOOK SERIES

农业经济高质量发展与农民农村共同富裕研究

尹玥岚◎著

经济日报出版社
北 京

图书在版编目（CIP）数据

农业经济高质量发展与农民农村共同富裕研究 / 尹玥岚著. -- 北京 : 经济日报出版社, 2025. 8. -- ISBN 978-7-5196-1597-0

Ⅰ. F323；F124.7

中国国家版本馆CIP数据核字第2025KT5540号

农业经济高质量发展与农民农村共同富裕研究

NONGYE JINGJI GAOZHILIANG FAZHAN YU

NONGMIN NONGCUN GONGTONG FUYU YANJIU

尹玥岚 著

出　　版：经济日报出版社

地　　址：北京市西城区白纸坊东街 2 号院 6 号楼

邮　　编：100054

经　　销：全国各地新华书店

印　　刷：北京天宇星印刷厂

开　　本：710mm×1000mm　1/16

印　　张：12

字　　数：196 千字

版　　次：2025 年 8 月第 1 版

印　　次：2025 年 8 月第 1 次

定　　价：58.00 元

本社网址：www.edpbook.com.cn，微信公众号：经济日报出版社

本书如有印装质量问题，由我社事业发展中心负责调换，联系电话：（010）63538621

前　言

加快农业农村现代化步伐，建设农业强国，必须坚持高质量发展。推进农业经济高质量发展，不仅有利于贯彻落实国家高质量发展战略，而且是全面深入推进乡村振兴战略、加快从农业大国向农业强国迈进的重要举措。在全面建设社会主义现代化国家的新征程上，农业不仅承担着保障国家粮食安全的战略使命，还是推动乡村振兴、实现农民增收致富的关键领域。近年来，我国农业经济结构持续优化，科技创新驱动作用不断增强，农村改革深入推进，为农业经济高质量发展奠定了坚实基础。然而，城乡发展不平衡、农村发展不充分的问题仍然存在，农民收入增长面临新的挑战。

共同富裕是社会主义的本质要求，是中国式现代化的重要特征，促进共同富裕，最艰巨最繁重的任务仍然在农村。想要使全体人民共同富裕取得更为明显的实质性进展，重点难点在推动农民农村共同富裕上。促进农民农村共同富裕，拓展农民增收渠道是关键。因此，需要加快农业经济高质量发展进程，通过发展现代农业产业、拓宽农民增收致富渠道，带动农民经营性收入增长，缩小城乡差距，从而实现农民农村共同富裕。在此背景下，厘清农业经济高质量发展与农民农村共同富裕的内在逻辑，探讨如何通过农业经济高质量发展带动农民农村共同富裕，成为亟待深入研究的重要问题。

本书立足于农业农村发展的现实需求，系统探讨农业经济高质量发展与农民农村共同富裕的内在逻辑、实践路径与政策体系。运用理论分析与实证分析相结合的方法，选取典型地区作为案例，梳理了农业经济高质量发展和农民农村共同富裕的现状和存在的主要问题，并结合实际提出针对性对策，为促进农业经济高质量发展和农民农村共同富裕提供理论支持。

全书共分为三个部分、十一个章节。第一部分包括三章内容：第一章为绪论，第二章为相关概念及理论基础，第三章为农业高质量发展促进农民农村共同富裕的机制与路径研究。

第二部分为农业经济高质量发展篇，从产业、贸易、财税等视角着手，探讨了实现农业经济高质量发展的路径，包括四章内容：第四章为农业高质量发展现状与路径研究，第五章为乡村振兴背景下农业产业高质量发展研究，第六章为财税支持农业经济高质量发展的路径研究，第七章为农业贸易高质量发展的路径研究。

第三部分为农民农村共同富裕篇，从贫困治理、产业发展、金融支持等视角着手，探讨了实现农民农村共同富裕的路径，包括四章内容：第八章为农村低收入人口监测预警与动态帮扶机制研究，第九章为农村居民生计可持续发展研究，第十章为数字普惠金融促进农民农村共同富裕的路径研究，第十一章为乡村产业振兴赋能农民农村共同富裕的路径研究。

本书旨在为政府部门制定农业农村政策提供参考，为学术界深化相关研究提供思路，也为基层实践者探索乡村振兴路径提供借鉴。期待通过农业经济的高质量发展，能够真正让广大农民共享发展成果，最终实现农民农村共同富裕的美好愿景。

本书为新疆维吾尔自治区高校基本科研业务费科研项目《农业现代化赋能新疆农民农村共同富裕的机制与路径研究（XJEDU2025J155）》的阶段性成果，由于时间仓促，水平有限，书中可能存在一些不足和问题，敬请读者批评指正。

尹玥岚

2025 年 3 月

目　录

1　绪　论 …… 1
1.1　研究背景 …… 1
1.2　研究意义 …… 2
1.3　研究综述 …… 3
1.4　研究述评 …… 10
2　相关概念与理论基础 …… 12
2.1　相关概念 …… 12
2.2　理论基础 …… 15
3　农业经济高质量发展促进农民农村共同富裕的机制与路径研究 …… 20
3.1　农业经济高质量发展促进农民农村共同富裕的机制 …… 22
3.2　农业高质量发展促进农民农村共同富裕的路径 …… 27
3.3　本章小结 …… 31
4　农业经济高质量发展现状及路径研究 …… 32
4.1　农业经济高质量发展水平指标构建 …… 33
4.2　新疆农业经济高质量发展水平现状分析 …… 37
4.3　促进农业经济高质量发展的路径分析 …… 50
4.4　本章小结 …… 51
5　乡村振兴背景下农业产业高质量发展研究 …… 52
5.1　相关概念界定 …… 53
5.2　新疆农业产业高质量发展的现状分析 …… 55
5.3　乡村振兴背景下农业产业发展中存在的问题 …… 69
5.4　乡村振兴背景下农业产业的发展对策建议 …… 72
5.5　本章小结 …… 74
6　财税支持农业经济高质量发展的路径研究 …… 75
6.1　财税政策支持农业经济高质量发展的现状分析 …… 75
6.2　财税政策支持农业经济高质量发展存在的问题 …… 83

6.3 政策建议 …… 86
6.4 本章小结 …… 89
7 农业贸易高质量发展的路径研究 …… 90
7.1 我国农产品贸易现状 …… 90
7.2 我国农产品贸易高质量发展存在的问题 …… 94
7.3 我国农业贸易高质量发展的积极影响 …… 99
7.4 我国农业贸易高质量发展对策 …… 102
7.5 本章小结 …… 105
8 农村低收入人口监测预警与动态帮扶机制研究 …… 106
8.1 完善农村低收入人口返贫监控预警机制 …… 107
8.2 构建农村低收入人口动态帮扶机制 …… 111
8.3 农村低收入人口监测预警与动态帮扶结合 …… 115
8.4 本章小结 …… 117
9 农村居民生计可持续发展研究 …… 118
9.1 南疆四地州农村地区发展成效分析 …… 119
9.2 南疆四地州农户生计脆弱性测度分析 …… 124
9.3 南疆四地州农村居民生计可持续发展面临的风险分析 …… 133
9.4 农村居民生计可持续发展的对策建议 …… 140
9.5 本章小结 …… 145
10 数字普惠金融促进农民农村共同富裕的路径研究 …… 146
10.1 相关概念 …… 146
10.2 数字普惠金融及新疆农民农村发展现状 …… 149
10.3 数字普惠金融对农民农村共同富裕的影响 …… 158
10.4 数字普惠金融促进农民农村共同富裕的对策建议 …… 161
10.5 本章小结 …… 164
11 乡村产业振兴赋能农民农村共同富裕的路径研究 …… 165
11.1 新疆乡村产业发展现状 …… 166
11.2 新疆乡村产业振兴面临的挑战 …… 171
11.3 新疆乡村产业振兴的制约因素分析 …… 172
11.4 乡村产业振兴赋能农民农村共同富裕的对策 …… 172
11.5 本章小结 …… 175
参考文献 …… 176

1 绪 论

1.1 研究背景

党的二十大报告强调，着力促进全体人民共同富裕，防止两极分化。这意味着在实现共同富裕的道路上，要增强区域发展尤其是城乡之间发展的平衡性与协调性。促进共同富裕，最艰巨最繁重的任务仍然在农村，并将促进农民农村共同富裕视为全体人民共同富裕的重点任务。通过建立兜底保障体系、实施精准扶贫方略和脱贫攻坚战略，我国全面建成小康社会的目标按期完成，绝对贫困现象已消除，但离共同富裕的目标要求还有很大差距。

共同富裕是中国特色社会主义的本质要求，是中国式现代化的重要特征，要坚持以人民为中心的发展思想，在高质量发展中促进共同富裕。在高质量发展中促进共同富裕，就要全面实施乡村振兴战略，党的十九大报告中指出乡村振兴是包括产业振兴、人才振兴、文化振兴、生态振兴、组织振兴的全面振兴，其中最重要、最根本、最关键的是产业振兴。乡村产业振兴是乡村振兴战略的重要基础和前提，农民富、农业强、农村美是产业振兴的终极目标，产业是发展的根基，也是全面推进乡村振兴、实现共同富裕的主要途径和长久之策。

近年来，我国农业和农村地区在发展过程中取得了巨大的成就，但农村基础设施、公共服务、营商环境等方面问题仍然突出，只有推动乡村振兴与农业高质量发展有效衔接，才能有效地实现农业高质量发展，促进乡村振兴，实现农民农村共同富裕。因此，在新的历史征程上，厘清农业经济高质量发展与推动农民农村共同富裕的内在逻辑和实践路径，对于加快推进全体人民共同富裕进程，实现强国建设、民族复兴的宏伟蓝图具有重要的理论价值与现实意义。

1.2 研究意义

1.2.1 理论意义

(1) 丰富农业经济发展理论

农业经济高质量发展是对传统农业经济增长理论的深化与拓展。传统理论往往侧重于农业产量的增加和规模的扩张，而高质量发展更强调农业发展的协调性、创新性、可持续性等多维度。通过研究农业经济高质量发展如何推动农民农村共同富裕，能够深入剖析农业经济发展过程中的要素配置、产业融合等内在机制，为农业经济理论体系增添新的内容，丰富关于农业高质量发展与农民福祉提升关系的研究，从理论层面阐释如何实现农业从粗放型增长向高质量发展的转型。

(2) 完善共同富裕理论体系

共同富裕是中国特色社会主义的本质要求，但目前关于共同富裕在农民农村领域的具体实现路径和理论支撑尚需完善。研究农业经济高质量发展与农民农村共同富裕的关系，有助于明确在农村地区实现共同富裕的关键驱动因素和制约条件。这不仅能丰富共同富裕理论在特定区域和群体中的内涵，还能为从微观层面到宏观层面构建更具针对性、系统性的共同富裕理论框架提供实证依据和理论思考，明确农村共同富裕在全国共同富裕进程中的地位和作用。

1.2.2 实践意义

(1) 为农业政策制定与调整提供支撑

研究农业经济高质量发展与农民农村共同富裕的关系，能够为政府制定精准有效的农业政策提供科学依据。了解到农业科技创新对推动农业高质量发展进而促进农民增收的关键作用，政府可加大对农业科研的投入，出台鼓励农业科技成果转化的政策。认识到农村产业融合对缩小城乡差距、实现共同富裕的重要性，政策制定者可通过完善产业扶持政策，引导工商资本下乡，促进农村一二三产业深度融合。同时，研究成果也有助于对现有政策进行评估和调整，提高政策的针对性和实效性，避免政策的盲目性和短期性。

（2）助力乡村振兴战略实施

乡村振兴战略的总目标是农业农村现代化，总要求是产业兴旺、生态宜居、乡风文明、治理有效、生活富裕，其中生活富裕是根本目的，而农业经济高质量发展是实现这一系列目标的重要支撑。通过研究两者关系，能够明确在乡村振兴过程中，如何通过推动农业高质量发展，如发展特色农业、生态农业等，促进农民收入持续增长，改善农村基础设施和公共服务，实现农民农村共同富裕。这为乡村振兴提供了具体的实践路径和操作指南，有助于整合资源，聚焦重点领域，有序推进乡村振兴各项任务的落实。

（3）推动农村经济社会可持续发展

农业经济高质量发展注重资源的高效利用、生态环境保护和农业产业的可持续发展能力。研究发现农业绿色发展模式既有助于提升农业经济质量，又能为农民创造良好的生活环境，增加生态产品带来的收益，这将促使农村地区在发展过程中更加注重生态保护，实现经济与生态的良性互动。同时，通过促进农民农村共同富裕，提升农民的综合素质和参与能力，能够增强农村社会的凝聚力和稳定性，为农村经济社会的长期可持续发展奠定坚实基础。

（4）缩小城乡差距，促进社会公平

长期以来，城乡差距是制约中国社会公平发展的重要因素。农业经济高质量发展能够提高农业生产效率和经济效益，增加农民收入，改善农村生产生活条件。当农民农村实现共同富裕时，城乡之间在收入水平、公共服务、基础设施等方面的差距将逐步缩小。这不仅有利于促进社会公平正义，让广大农民共享经济社会发展成果，还能激发农村市场的消费潜力，为国民经济的均衡发展提供有力支撑，推动整个社会向更加公平、和谐的方向发展。

1.3 研究综述

1.3.1 关于乡村振兴的研究

乡村振兴战略是解决我国“三农”问题、实现共同富裕的关键举措，近年来成为学术界研究的热点。众多学者从不同角度展开研究，成果丰硕，主要从乡村振兴的水平测度、实现路径及与共同富裕关系等方面进行论述：一是，乡村振兴水平测度与区域差异的研究。乡村振兴指标测度研究聚焦于构建科学合理的指标体系，涵盖产业、生态、文化、治理和生活等多维度，采用熵值法、综合评价法和空间分析法等方法进行测度，揭示区域差异及影响因素。部分学者通过构建评价指标体系分析得出，我国乡村振兴总体水平呈增长态势，但仍较低，部分子系统存在问题，且区域差异明显，区域差异主要由生态宜居和生活富裕差异导致，且存在空间集聚现象（张旺、白永秀，徐雪、王永瑜，2022；蔡文伯、贺薇宇，2023）。

二是，乡村振兴的实现路径研究。部分学者从产业赋能角度，认为发展乡村特色产业有助于构建现代乡村产业体系，促进产业兴旺，有助于实现乡村振兴各项目标。应推动产业融合、绿色转型，优化空间布局，深化土地产权改革，强化市场与政府“双轮驱动”（肖卫东，2023）。部分学者从金融支持角度，提出数字普惠金融能缓解信贷约束，通过提升农村创业活跃度促进乡村振兴，因此，农村金融需进行四重逻辑转换，从多方面发力深化改革创新，完善农村金融服务体系（孟维福、李莎等，温涛、何茜，2023）。针对当前农业产业化发展和农村金融建设面临的现实困境，分析金融手段对农业发展的最大价值，为构建现代农业经营体系，应采取多种方式加强对农民的金融普及教育，强化农产品品牌建设，为金融发展提供政策支持（王红，2022）。随着乡村振兴战略的不断推进，金融行业应在乡村振兴战略的指导下，与农村实际发展情况相结合，寻找金融推动农业产业发展的契合点，助力农民致富（蔺文慧，2023）。有的学者从人才支持角度，认为人才是乡村振兴发展的一大动力，乡村振兴需要大量专业的、高质量的、懂农爱农的人，应通过教育厚植乡村人力资本，为乡村振兴培养高水平、复合型的优质人才。以职业技术教育培训为核心，建设现代化乡村教育体系，构建“三维两面”的职业教育体系，促进生态与文化繁荣，推动乡村形成健康的社会价值理念和信仰，推动乡村全面振兴（刘晓红，朱德全、沈家乐，李小波、张利云，2022）。部分学者从多维度探索振兴路径，提出产业、人才、文化、生态、组织振兴是推进乡村振兴的有效路径，需分别从建设产业融合示范区、挖掘培养本土人才等多方面着手，采取“上下联动、内外共生”的新内生发展模式（雷明、于莎莎，文军、刘雨航，2022）。还有些学者从数字技术角度，认为数字经济作为新动力，将数字要素纳入乡村生产生活中会是新的发展方向，数字技术可助力乡村多方面数字化转型，推动农村产业数字化、集约化、绿色化发展，优化农村消费结构、创新治理模式，以数字经济和数字化促进乡村振兴（张蕴萍、栾菁，李健，2022）。

三是，乡村振兴与共同富裕的关系的研究。乡村振兴对推动共同富裕意义重大，巩固脱贫成果防止返贫是乡村振兴前提，乡村振兴是实现共同富裕的重要途径和有力支撑，二者在目标、使命、原则、路径方面具有一致性（黄承伟、田祥宇，2023）。乡村振兴中“产业兴旺、生态宜居、乡风文明、治理有效、生活富裕”的总要求，为共同富裕提供坚实基础。实现乡村振兴能有效推动“全民共享、全面共享、共建共享、渐进共享”，因此，乡村振兴为实现共同富裕提供多方面支持，二者存在内在机理，实现乡村振兴能有效推动共同富裕（唐任伍、许传通，2022）。

1.3.2 关于经济高质量发展方面的研究

经济高质量发展于2017年在党的十九大被正式提出。梳理文献发现研究主要集中于对经济高质量发展的内涵、测度和影响因素等方面。

一是，经济高质量发展的内涵研究。经济发展水平的衡量并不仅局限于国内生产总值（GDP），它其实是一个涵盖多个领域的综合性概念，包括但不限于经济结构、教育水平、医疗卫生条件等，这些元素共同构成了经济发展的质量和深层含义（Barro，2002）。

二是，经济高质量发展的测度研究。部分学者通过指标体系构建对经济高质量发展水平和空间差异情况进行分析。研究表明，西部经济高质量发展水平呈逐年上升趋势，但省份之间差距较大，总体呈现“中间高、边缘低”的特点；区域间差异构成了总体差异的主要来源（Jinhuang M. et al.，2023）。通过构建指标体系对河南省经济高质量发展水平测度发现，河南省县域经济高质量发展水平指数呈现增长趋势，但县内自身指标存在发展不均衡的现象，且各县域间的经济高质量发展水平差距很大（张莹，2023）。

三是，经济高质量发展的影响因素研究。部分学者认为数字经济已成为推动区域经济发展的新引擎。数字经济具有低失业、低通胀、低赤字及高增长的明显优势，对传统经济的转型升级、新增长点的培育及高质量发展至关重要（袁伟等，2020）。数字经济从多个方面促进了经济发展质量的提升，应通过创新体制机制，充分发挥数字经济在推进经济高质量发展中的关键作用（宋洋，2019）。数字经济还可以促进资源优化配置，提高效率，降低成本，为区域经济带来新的活力（Zhi C.，2023）。部分学者认为数字普惠金融是推动经济高质量发展的重要力量。它不仅能满足贫困群体的金融需求，提升他们的生活水平，而且能够激发市场活力，促进企业创新和科技进步，从而为经济增长开辟更广阔的渠道（黄毅、周俐，金海峰等，2023）。通过研究分析，在数字普惠金融对经济高质量发展的影响方面，西部地区表现得尤为突出，差异性显著；而东部地区在这一过程中的差异性相对较小。同时，数字普惠金融通过强化科技创新能力以及优化城乡居民收入差距的均衡状态，为经济的高质量发展注入了新的动力（李婷，2023）。

1.3.3 关于农业经济高质量发展方面的研究

农业经济高质量发展在乡村振兴和农业现代化进程中占据关键地位，是当下学术研究的重点领域。众多学者围绕这一主题从多视角展开研究，成果丰富，为深入理解和推动农业经济高质量发展提供了理论与实践依据。

一是，农业经济高质量发展的评价指标体系构建。在构建评价指标体系时，多数学者基于新发展理念，从创新、协调、绿色、开放和共享 5 个维度构建综合评价指标体系，核算中国农业高质量发展水平（尹朝静等，2022）。部分学者结合熵值法与线性加权法，构建涵盖创新驱动、集约高效、协调普惠、绿色生态、开放共享 5 个方面的指标体系，用于评价辽宁省农业经济高质量发展（王琳等，2023）。部分学者从农业经济动力机制、结构优化、系统稳定、绿色发展、福利共享 5 个维度，涵盖 27 个具体变量构建指标体系，测度中国农业经济高质量发展水平（张建伟等，2021）。这些研究虽在具体指标选取和体系架构上存在差异，但均全面涵盖农业经济发展的关键要素，为后续研究奠定了坚实基础。

二是，农业经济高质量发展的测度及空间差异分析。在测度方法上，熵值法在相关研究中应用广泛，多数学者利用熵值法确定各指标权重，结合线性加权法进行评价（张建伟等，2021；王琳等，2023）。此外，部分学者使用“纵横向”拉开档次法、Dagum 基尼系数及分解法、Kernel 密度估计（尹朝静等，向云等，2022），还有学者采用因子分析和耦合协调度方法等（蒋辉等，2022），这些方法从不同角度深入剖析农业经济高质量发展状况，为精准把握其发展态势提供了有力工具。在空间差异分析方面，国内学者研究表明，中国农业高质量发展总体区域差距呈缩小趋势，但区域内差距仍较突出，区域间差距是总体差距的主要来源（尹朝静等，向云等，2022）。这些研究揭示了农业经济高质量发展在区域层面的特征和问题，为制定区域协调发展政策提供了重要依据。

三是，影响农业经济高质量发展的因素及作用机制。农业对外贸易的发展影响农业经济高质量发展，农产品出口和进口均促进了农业绿色全要素生产率的增长，有助于农业经济高质量发展，但存在区域异质性（陈燕翎等，2021）。我国农业经济韧性与高质量发展水平呈现协同提升态势，科技创新在其中发挥关键中介作用。研究表明，各省份两者耦合协调度持续改善，科技创新既增强农业抗风险能力，又推动产业升级。这种“韧性-创新-质量”的传导机制，使农业系统既能应对外部冲击，又能实现更高水平发展（蒋辉等，2022）。此外，数字技术是农业经济高质量发展的重要引擎，但受农村数字基础设施建设等因素制约（徐苗等，2021）。

四是，促进农业经济高质量发展的路径研究。针对农业经济高质量发展存在的问题，学者们提出了一系列政策建议。部分学者从贸易促进角度，提出推进农业扩大开放，畅通农产品贸易的技术溢出渠道，提高农产品出口质量，实施差异化的贸易与引资战略等（陈燕翎等，2021；尹朝静等，2022）；部分学者从数字经济角度，认为应完善农村数字基础设施，推动数字农业技术研发和应用（徐苗等，2021）；部分学者从农业经济韧性角度，建议推动农业农村绿色发展，加强顶层设计，提高农业经济韧性（蒋辉等，2022）。这些政策建议具有较强的针对性和可操作性，对推动农业经济高质量发展具有重要指导意义。

1.3.4 关于乡村振兴与农业经济高质量发展方面的研究

乡村振兴与农业经济高质量发展方面，国内大部分学者从乡村振兴战略出发，分析了在农业经济高质量发展过程中遇到的困难并提出相应政策建议。

从乡村振兴战略出发，深度分析目前我国农业经济高质量发展面临的现实困境，提出关于完善土地集约化经营治理模式，优化农村资源配置，深化户籍制度改革，提高农业农村的产业支撑能力方面的政策建议（董志勇等，2022）。从生态农业产业的角度出发，在乡村振兴战略背景下分析生态农业产业经济在促进经济高质量发展过程中面临的困境，提出完善人才培育机制，拓宽农业技术学习渠道，创造产业新动能等建议，为生态农业产业强基固本（张筱根、韩建民，2023）。我国农业经济高质量发展仍然存在配套基础设施条件差，技术落后，人才短缺，资金筹措难等困难，针对这些困难，作者指出要完善基础设施建设，提升科学技术能力，培育高素质人力资源，完善产业结构体制和农村保障制度的措施，用来推动农村经济社会高质量发展（肖帆，2022；李娜，2023；高泽琛，2024）。从人才角度出发，提出目前农村经济高质量发展面临着人才瓶颈制约的严峻挑战，围绕就地取材、多方聚才以及任用贤才三个方面具体探讨乡村振兴背景下农村经济高质量发展人才机制建设的现实路径（王荣，2022）。

1.3.5　关于贫困治理方面的研究

2020年，我国脱贫攻坚战取得全面胜利，全国人民同步步入小康社会，创造了人类的反贫困奇迹，体现出社会主义的制度优势。消灭绝对贫困后，还存在相对贫困的问题，甚至一些困难人口因多重复杂因素依然面临着再次陷入贫困的可能，因此，贫困治理问题依然是社会所关注的重点问题。

学者关于贫困治理的研究主要集中在以下几个视角：一是，致贫因素相关研究。部分学者认为健康风险是影响贫困的重要因素，残疾人及其家庭具有更高的多维贫困发生率、强度和水平，并且健康风险冲击与贫困之间是一种循环链关系，大病冲击导致贫困，贫困导致脆弱性增加，健康状况进一步恶化（Grech，2015；Monica 2018）。部分学者认为环境气候是导致农业人口致贫的关键，因此贫困治理的关键在于气候风险管理（Hansen et al.，2019）。部分学者将致贫因素进行分类，认为社会保障制度的不完善、产业发展的可持续性不足、社会扶贫机制不健全、脱贫内生动力激发不够等因素是脱贫群众又返贫的根源所在，因此，将致贫因素划分为制度政策、资源环境、灾害风险以及能力习惯四大关键因素（常莉，2018；杨瑚，2019）。

二是，贫困治理路径方面的研究。部分学者站在人力资本提升的角度，认为防范化解返贫内部风险需重在提升人力资本，需要完善健康保障体系、提升教育保障水平、构建技能培训体系和注重内生动力培育（Khan A R，Riskin C.，2010；李长亮，2019；汪三贵等，2021）。部分学者站在产业发展的角度，认为产业扶贫作为脱贫致富的内生动力来源，承担着农村的“造血”功能，彻底拔掉穷根，需要发展基于地区实际的特色产业，以此带动农村经济发展和农户的脱贫致富。因此，政府应在产业发展、空间结构优化、生态建设、基础设施建设、公共服务建设等方面做好政策衔接（张友良等，2020；张永丽、高蔚鹏，2021；白永秀等，2022）。

1.3.6 关于农民农村共同富裕方面的研究

共同富裕是社会主义的本质属性，实现共同富裕的基础和前提是正确的思想指导和完善的制度保障。当前对于共同富裕的研究，我国学者居多。“共同富裕”最早于1953年《人民日报》中出现，随后，同年12月16日，党中央通过《关于发展农业生产合作社的决议》首次在党的重要文件中使用“共同富裕”一词。社会的发展使得共同富裕的概念逐渐丰富。共同富裕带有很强的中国特点，共同富裕的追求与我国社会主义体制有直接联系，共同富裕强调以人民为主体，在社会主义背景下，国家是人民的国家，促进国家发展，自然要保障好人民的生活，解决人民的生活困境，实现相对公平（刘培林等，2021；杨文圣、李旭东，2022）。共同富裕具体指的是要实现收入的提高和收入分配的公平合理，只有这两者实现均衡发展，才能够达到共同富裕的目标（席恒等，2022）。共同富裕是马克思主义中国本土化的重要产物，是马克思主义在中国的具体实践，实现共同富裕就要破解发展不平衡不充分的难题，实现物质成果的全民共享，促进物质文明和精神文明双发展，充分保障人民权利落实（顾成龙，2023）。农民农村共同富裕是实现全体人民共同富裕的重要组成部分，具有时序性、时代性和相对性特征，能够缩小城乡间、区域间发展差距（钟海，2023）。

关于农民农村共同富裕的影响因素研究。部分学者认为农村劳动力人力资本的水平决定了其获取工资性收入的能力，随着经济发展水平的提高，教育程度对农村居民收入的边际影响效果也会变大，农村非熟练劳动力的就业机会大幅增加，贫富差距有所缓解（Berdegué 等，2001；Ahmad 等，2022）。还有部分学者认为数字技术的发展一方面有利于促进信息流通，实现劳动供需的有效对接，提高农民收入；另一方面能够通过培育新型农业经营主体、延展农业全产业链等渠道影响农民农村共同富裕（Kuhn 和 Skuterud，2004；王轶，2022；洪茹菲，2023；王瑞峰，2023）。除此之外，各类财政衔接资金对农民收入具有显著促进作用，可以加速推进农民农村共同富裕（张淑惠，2023）。

关于农民农村共同富裕的实现路径研究。在共同富裕推进过程中，城乡差距、地域差距是推进过程中的一大难题，要想实现共同富裕，就必须推动区域协调，而打破区域壁垒的最重要的战略就是贯彻落实城乡一体化发展，解决城乡二元问题（韩文龙，2018）。促进农民农村共同富裕，需增强乡村振兴包容性，缩小城乡、群体和地区差距；推进城乡双向开放，让农民共享发展红利；提升农业包容性，让小农户受益；消除制度差距，优化再分配；发挥第三次分配作用，助力共同富裕（叶兴庆，2022）。农业产业振兴可以通过推动农业现代化、促进城乡融合、缩小收入差距，可有效增加农民收入，助力共同富裕。农业产业高质量发展需畅通要素流动、强化基础支撑、弥合数字鸿沟，增强产业内生动力，实现城乡共建共享，从而实现农民农村共同富裕（赵培、郭俊华，2022）。

1.4 研究述评

综合现有文献可以看出：第一，乡村振兴、农业经济高质量发展、农民农村共同富裕问题已受到学术界的广泛关注，相关的影响研究成果已经非常丰富。但有的研究主要集中于全国领域的宏观分析，从微观层面针对某个地区的研究较少，尤其是欠发达地区的研究微乎其微。第二，关于农业经济高质量发展的科学内涵已有较成熟的界定，并且多数学者根据其内涵尝试构建科学的评价指标体系。第三，学界研究主要集中于影响农民农村共同富裕的相关因素，鲜有文献深入剖析农业高质量发展与农民农村共同富裕的关系。

因此，本研究将结合已有的研究成果，借鉴以往学者的研究经验，将乡村振兴、农业经济高质量发展、农民农村共同富裕进行有效结合，分析乡村振兴和农业经济高质量发展、农民农村共同富裕的相互关系，提出切实可行的路径以求促进乡村振兴，提高农业经济高质量发展水平、农民农村共同富裕水平，为后续农业经济高质量发展及农民农村共同富裕的研究提供理论支持。

2 相关概念与理论基础

2.1 相关概念

2.1.1 乡村振兴

乡村振兴战略是以推动农业农村现代化为核心目标，致力于实现“农业强、农村美、农民富”的美好愿景。作为党的十九大提出的重大国家战略，乡村振兴旨在破解中国发展中的结构性矛盾，特别是区域发展不平衡和农村发展滞后等突出问题（陈文胜，2017）。从内涵上看，乡村振兴战略包含“五大振兴”的有机统一：产业振兴是物质基础，通过发展现代农业和乡村特色产业增强经济活力；人才振兴是关键支撑，培育新型职业农民和引进专业人才；文化振兴是精神内核，传承优秀农耕文化，培育文明乡风；生态振兴是发展底色，践行“绿水青山就是金山银山”理念；组织振兴是制度保障，加强基层党组织建设（魏后凯，2024）。在实施路径上，该战略强调城乡融合发展，通过建立健全城乡要素平等交换机制，推动基础设施互联互通、公共服务均等化，最终实现城乡共同繁荣。随着战略的深入推进，乡村振兴正在重塑中国农村的发展格局，为全面建设社会主义现代化国家奠定坚实基础。

同时，乡村振兴强调保护和利用好传统村落等具有地域特色和传统文化的资源，这些传统村落在推进乡村振兴的过程中发挥着不可替代的作用（刘小琳，戚欣，2020）。简而言之，乡村振兴是一个全面的、系统的战略，它关注的不仅是经济的发展，还包括文化、生态、社会治理等各个层面的进步，旨在创造一个“强、美、富”的乡村环境，让农业、农村和农民都能在新时代中实现更好的发展（董进智，2017）。

2.1.2 高质量发展

自党的十九大提出“推动高质量发展”的要求以来，我国发展的目标就从经济高速增长转向高质量发展。实现发展从“高速”向“高质量”的转换，以转型推动结构优化，以质量引领速度换挡，更要以创新实现发展动力转换。高质量发展的内涵不局限于经济方面，而要注重系统平衡性和民生指向性，即在增速稳定和结构合理的经济基础上，产生有利于社会发展的成果，最终完成社会主义现代化强国建设，推动人的全面发展。高质量发展是新时代经济社会发展的核心主题，其重要内涵之一就是要从根本上遏制并最终消除一切以牺牲环境为代价的黑色发展模式。在人类社会发展与资源环境保护这对看似矛盾的关系中，我们应当清醒地认识到，传统的“先污染后治理”发展路径已经难以为继。为此，必须通过多管齐下的系统性变革来实现发展方式的转型升级：首先要深化制度改革，建立健全绿色发展的政策法规体系；其次要大力推广清洁生产技术，促进绿色科技创新；最后要加强生态文明教育，培育全民环保意识。最终目标是构建起循环利用、清洁低碳、安全高效的新型生产和生活方式，使人类活动对自然生态的干扰降至最低限度，同时将资源能源的利用效率提升至最优水平（刘亭，2018）。这种发展模式不仅符合可持续发展理念，更是实现人与自然和谐共生的必由之路。

2.1.3 农业经济高质量发展

农业强国是社会主义现代化强国的根基，推进农业现代化是实现高质量发展的必然要求。农业经济高质量发展是指在现代农业发展的过程中，不仅关注农业生产的规模和数量增长，更加注重农业经济的质量和效益提升。它强调在农业发展中实现资源的合理利用、提高生产效率、优化产业结构、增加农民收入，并兼顾环境可持续性。高质量农业经济发展的特点包括高效率生产、农业科技创新、绿色生产、农产品品质保障和安全、农民收入增长以及农村基础设施建设等方面。这些特点共同推动农业的现代化、智能化和可持续发展，为农民带来更好的经济效益和生活质量，同时也对国家经济和社会发展作出积极贡献（吴建光，2013）。

农业经济高质量发展有着极为丰富的内涵，广泛体现在以下方面。（1）创新发展。农业经济需要以创新发展作为第一动力，从根源上解决农业发展动力不足的问题。（2）协调发展。农业发展需要实现全方面、多维度的有机协调，以解决农业发展不平衡的问题。（3）绿色发展。在绿色、低碳理念指导下，农业经济发展需要以解决人与自然和谐问题为重点，推动生态文明建设，减轻农业生产对自然生态的影响与破坏。（4）开放发展。在全球化背景下，农业经济的发展不再完全是某一国家或地区的事务，而是全世界共同关注的话题，农业经济必然需要实现开放发展并解决内外联动问题。（5）共享发展。农业经济作为国民经济的基础性产业，其特殊性体现在生产周期长、自然依赖性强、市场波动大等方面，而其重要性则表现为保障粮食安全、维护社会稳定、促进农民增收等核心功能。这使得农业经济在整个社会产业体系中占据着不可替代的战略地位。在当前推进共同富裕的背景下，农业经济可充分发挥其在促进区域协调发展、缩小城乡差距、带动低收入群体增收等方面的独特优势，通过完善利益联结机制、发展新型农村集体经济等途径，为解决社会公平正义、实现共享发展等重大问题提供重要支撑（张建伟、曾志庆、李国栋，2023）。

2.1.4 新质生产力

我国立足马克思生产力理论，遵循历史发展规律，把握中国经济发展形势，创造性地提出了新质生产力的概念（赵振华、王贺雨，2024）。新质生产力是数字时代背景下生产力演化的高级形态，代表着生产力发展过程中的一次重大能级跃迁。它以科技创新为核心驱动力，通过人工智能、大数据、物联网等新一代信息技术的深度融合，催生出全新的生产方式、科学技术与产业形态。这种生产力摆脱了传统依靠资源消耗的粗放型增长路径，构建起绿色低碳、智能高效的现代化产业体系（徐政、郑霖豪、程梦瑶，2023）。新质生产力是一种以科技创新为核心驱动力的新型经济发展模式，是在全球竞争中抢占未来发展制高点、赢得国际竞争主动权的重要战略范式。

2.1.5 农民农村共同富裕

根据党的二十大报告及2024年中央一号文件，农民农村共同富裕可以被定义为以“高质量发展”为主线，通过农民主体地位强化、城乡区域协调发展、物质与精神双维驱动及长效制度保障，实现农民收入持续增长、农村公共服务均等化、农业现代化升级，最终达成农民富裕、农村繁荣、农业强盛的可持续共富目标。

农民农村共同富裕的内涵兼具一般性与特殊性。从一般性来看，农民农村共同富裕作为全体人民共同富裕的有机组成，其地位举足轻重，党中央将促进农民农村共同富裕视为全体人民共同富裕的重点任务。所以，其内涵必然要契合“富裕性”“共同性”“全面性”这三项共同富裕的核心要义。从特殊性来看，农民农村共同富裕实则是共同富裕理念于农民群体、农村地域的具象呈现。既要城乡居民富裕程度均衡、发展机会平等，又要让农村居民物质充裕、精神富足，还需兼顾农村内部及城乡间富裕水平的平衡，稳步迈向共富（廖祖君，2024）。

2.2 理论基础

2.2.1 马克思的反贫困理论

马克思主义是中国特色反贫困理论的思想基石和理论源泉。马克思恩格斯创立的科学社会主义理论体系深刻分析了资本主义发展过程中无产阶级贫困化的内在规律，揭示了贫困现象的制度性根源。马克思指出资本主义私有制和雇佣劳动制度是造成工人阶级贫困的结构性原因。特别是在资本主义生产方式下的异化劳动，使工人不仅丧失了对自己劳动产品的支配权，还在劳动过程中被剥夺了作为人的本质力量，导致工人物质生活和精神世界遭受双重摧残。资本家通过延长劳动时间、压低工资等手段榨取剩余价值，使工人陷入绝对贫困和相对贫困的双重困境。在无产阶级遭受如此悲惨的境地下，马克思更加关注贫困问题并为无产阶级摆脱贫困指明了方向。这一科学论断为我们认识贫困本质、探索减贫路径提供了根本遵循，也为中国共产党领导脱贫攻坚战奠定了坚实的理论基础。

马克思认为消灭贫困的关键在于制度革新、消灭剥削和发展生产力三个方面。通过制度革新建立新的生产关系才能促使社会生产力水平的提升，通过生产力发展推动社会变革，建立与生产力基础相适应的生产关系，消灭剥削，推翻资本主义制度，建设共产主义社会，才能实现人人自由全面的发展。

2.2.2 贫困治理理论

贫困治理工作一直以来都是党工作的重点，党的十八大以来，以习近平同志为核心的党中央带领全党全国各族人民，立足我国国情，把握减贫规律，出台一系列超常规政策举措，构建了一整套行之有效的政策体系、工作体系、制度体系，走出了一条中国特色减贫道路，形成了中国特色反贫困理论，并创造了世界减贫奇迹。特别是，习近平总书记提出了“精准扶贫”重要论述，为打赢脱贫攻坚战提供指引和方略。精准扶贫的主要内容是针对贫困的差异性特征，做到“六个精准”，实施“五个一批”，解决“四个问题”。其优点在于，精准扶贫的实施，通过“一户一策”的方式对症下药，避免过去帮扶中的供求不匹配问题，能够使有限的治理资源发挥最大效用。通过增强精准扶贫的内生动力，创新精准扶贫的体制机制，实现扶贫与扶志相结合，与扶智相结合。在这具有科学性和体系化的政策引导下，我国脱贫攻坚战取得了全面胜利。

2.2.3 城乡二元经济结构理论

二元经济结构是发展经济学中一个非常重要的概念，最早由美国经济学家刘易斯提出。它主要是指经济由传统农业部门和现代工业部门组成。传统农业部门通常是以自给自足、劳动密集型生产方式为主，而现代工业部门则是以现代化、资本密集型生产方式为主。在农业发展还比较落后的情况下，优先进行了超前的工业化，建立了现代工业部门。从资本积累情况来分析，在二元经济结构中，资本积累是推动经济发展的关键因素。现代工业部门需要大量的资本投入来扩大生产规模，吸收更多的劳动力，从而促进经济的快速增长。之后，随着经济的快速发展，传统农业部门的剩余劳动力逐渐减少，现代工业部门的比重逐渐增加，经济结构逐步从二元向一元转变。刘易斯的二元经济结构理论对后来的发展经济学产生了深远的影响，许多后来的经济学家如费景汉、拉尼斯等在此基础上进行了修正和完善，使之成为一个较为完善的理论体系。

我国作为世界上最大的发展中国家目前正处于典型的二元经济结构状态。这种二元结构主要体现在城乡发展的不平衡，农村剩余劳动力长期得不到有效转移。我国城乡二元经济结构的特征主要体现在以下几个方面：(1) 在生产方式上，城市经济以现代化的大工业生产为主，而农村经济仍以传统的小农经济为主；(2) 在基础设施方面，城市的道路、通信、卫生和教育等公共设施发达完善，而农村的基础设施建设则相对滞后；(3) 在居民生活水平上，城市居民的人均消费水平远远高于农村，城乡居民收入差距持续扩大。这种二元结构还体现在社会保障、公共服务等多个领域，已成为制约我国经济社会协调发展的重要因素（张鸿，2006）。

2.2.4 经济增长理论

经济增长理论是发展经济学的重要基石，著名经济学家威廉·阿瑟·刘易斯在其1955年出版的经典著作《经济增长理论》中对经济增长的诸多关键要素进行了系统探讨。这部开创性著作全面论述了经济增长的本质、动因和制约因素，研究范围涵盖资本积累、技术进步、人口增长、制度变迁等多个维度，为现代经济增长研究奠定了理论基础。经济增长理论的核心在于探究经济增长的内在规律及其影响因素，深入分析在长期经济发展过程中实现稳态均衡增长所需满足的条件。关于经济增长定义，学术界主要存在两种解释：第一种是强调经济总量的持续扩张，认为经济增长是指一个国家或地区在一定时期内所生产的物质产品和劳务总量的持续增加，即实际GDP的长期增长趋势，着重考察整体经济规模的扩大。第二种则更注重居民生活水平的提升，将经济增长界定为人均实际产出的持续增长，即人均GDP的长期上升过程，更能反映经济发展给民众带来的实际福祉改善。两种定义共同构成了理解经济增长的完整视角。

2.2.5 可持续发展理论

可持续发展理论最早由世界环境与发展委员会（WCED）1987年在具有里程碑意义的报告《我们共同的未来》（又称《布伦特兰报告》）中首次系统提出并明确定义。该理论的核心内涵是“既满足当代人的需求，又不对后代人满足其需求的能力构成危害的发展模式”（刘新，2010）。这一理论框架建立在三大基本原则之上：一是公平性原则，强调代际公平和代内公平；二是持续性原则，要求经济社会发展必须维持在生态环境的承载限度内；三是共同性原则，指出实现可持续发展是全人类的共同责任。随着理论发展，学者们进一步拓展了其内涵，认为可持续发展理论最终追求的是实现经济、社会、环境三大系统的共同发展、协调发展、公平发展、高效发展和多维发展。这一理论突破了传统发展模式的局限，为 21 世纪全球发展提供了重要的指导思想，现已成为各国制定发展战略和政策的重要理论依据。

可持续发展理论为农业农村经济的可持续发展提供了理论指导和实践路径。具体到农业经济高质量发展与可持续发展的联系体现在：（1）可持续的发展模式：可持续发展的理念，要求我们在农业生产中要实现资源的有效利用和生态环境的保护，避免对自然资源的过度开发和资源的浪费，以确保农业生产的长期可持续性（王军，2018）。（2）农业多功能性：在可持续发展的视角下，农业不仅要满足食物安全的需求，还应兼顾生态保护、农民增收等多方面的功能，实现多功能性的综合利用（李玉广，2020）。（3）农民的可持续生计：通过提高农民的生产技能、改善其生活条件和社会保障水平，保障农民收入稳定增长，促进农民的可持续生计（鄂晓艳，2014）。（4）政策支持与激励：制定和实施一系列支持农业可持续发展的政策措施，如财政补贴、税收优惠、技术培训等，以激励农业生产方式的转型升级（唐功军，2017）。

综上所述，可持续发展理论为农业农村经济的高质量发展提供了重要的理论基础和实践框架，通过整合多方面的资源和力量，推动农业农村的可持续高质量发展。

2.2.6　区域经济理论

区域经济理论是研究生产资源在一定空间（区域）优化配置和组合，以获得最大产出的学说。生产资源是有限的，但有限的资源在区域内进行优化组合，可以获得尽可能多的产出。共同富裕是我国区域经济发展的重点要求，是实现中华民族伟大复兴的坚实基础，必须牢牢掌握区域共同富裕的重点，坚持以人民为中心的原则，区域经济发展的目标是让区域经济发展成果造福人民。同时，区域共同富裕需要正确处理效率与公平的关系，以更好实现区域全体人民迈向共同富裕（朱斌，2008）。

区域经济理论与乡村振兴战略有着密切的关系。第一，乡村振兴战略的实施可以改善农村的发展现状，提升农村经济发展水平，这是区域经济高质量发展的基础。第二，区域经济高质量发展为乡村振兴提供动力，高质量的区域经济发展可以为乡村振兴提供必要的物质基础、技术支持和政策引导，从而促进乡村的产业升级、基础设施建设和生活质量的提高。第三，区域经济与乡村振兴的相辅相成关系，区域经济的高质量发展涉及城市基础设施建设、产业发展和人才引进等多个方面，这些都是乡村振兴的重要内容。同时，乡村振兴战略的实施也为区域经济高质量发展提供了制度支持，两者相辅相成，共同推动区域的全面发展（吴晓红，2023）。区域经济理论为乡村振兴提供了理论指导和分析工具，帮助理解和解决乡村振兴过程中的经济问题，同时乡村振兴的实施也为区域经济发展提供了新的动力和发展模式。两者之间存在着紧密的互动关系，共同推动区域农业经济的全面高质量发展。

2.2.7 共同富裕理论

共同富裕是社会主义发展的内在要求，也是当前我国社会发展的关键任务。“共同富裕”这一词语最早以党的正式文件出现在 1953 年。党的十八大以来，多次重申“以人为本”的理念，坚持“让发展成果更多更公平惠及全体人民”。揭示出新时代覆盖全体人民的富裕就是共同富裕，是发展成果普遍分享的富裕，而不是少数人或特定地区的富裕。

共同富裕的前提是解放和发展生产力，对于共同富裕来说，乡村地区是共同富裕的薄弱环节，提升乡村地区经济发展速度、壮大乡村产业规模，缩小城乡发展距离，就需要切实提升乡村发展活力，改善乡村经济生产条件，有步骤、有计划改善乡村发展模式的不足，在科技、生态、产业、人才、教育等方面不断完善乡村发展体系。共同富裕主要表现在物质、文化、科技、生态等方面。在物质方面，乡村经济生产完全满足居民基本生活需求，并通过与外界的商品贸易，进一步缩小乡村与城市的物质生活水平差距；在文化方面，本土乡村文化满足居民文化需求，同时城乡一体化发展，乡村文化水平得到极大提升；在科技方面，农业科技发展迅速，现代化农业产业体系基本建立，机械化水平提升，农业生产力全面提高；在生态方面，尊重自然、爱护自然，美丽乡村吸引更多游客到来，乡村生态环境进一步改善。

3 农业经济高质量发展促进农民农村共同富裕的机制与路径研究

农业的发展不仅为人类提供了最基本的物质需求，还深刻影响着社会结构、文化传承和经济发展。在我国，庞大的人口基数决定了农业在保障粮食安全方面肩负着重大责任。粮食安全是国家安全的重要组成部分，只有确保十几亿人的吃饭问题得以解决，才能为国家的稳定和发展奠定坚实基础。农业生产不仅需要满足国内需求，农产品作为重要的出口商品，还需要为国家赚取外汇，推动外向型经济发展。尤其是在全球化背景下，农业的国际竞争力直接关系到一个国家的整体经济实力。

在现实生活中，我国农村人口占比依然较大，农业生产的发展状况直接关系到广大农民生活水平的高低和农民农村共同富裕问题。农民生活水平能否达到小康，甚至实现富裕，取决于农业的发展程度。农业不仅是农民的主要收入来源，也是农村经济的重要组成部分。然而不可忽视的是，当前我国农业生产还相对落后，依然是国民经济中较为薄弱的环节。虽然近年来我国农业经济发展进步明显，但农业生产效率、科技水平、经营管理能力等与发达国家相比，差距仍然较大。农业生产方式粗放、资源利用效率低、环境污染问题突出，制约了农业的可持续发展。如果农业得不到有力的加强和发展，就难以支撑国民经济其他部门的持续进步，进而影响整个国家现代化建设的进程、社会的稳定以及战略目标的实现。农业的滞后不仅会拖累经济增长，还可能引发一系列社会问题，如城乡收入差距扩大、农村人口流失加剧等，会对国家整体发展产生深远影响。

解决“三农”问题、实现共同富裕，始终是党和政府长期高度关注的核心议题。通过建立健全兜底保障体系、实施精准扶贫方略以及推进脱贫攻坚战略，我国已如期完成全面建成小康社会的宏伟目标，历史性地解决了绝对贫困问题。

然而当前的发展水平与共同富裕的目标要求之间仍存在显著差距，主要体现在区域发展不平衡、城乡收入差距较大、基本公共服务供给不均等方面。仍需通过深化改革、完善制度、优化政策等手段持续巩固拓展脱贫攻坚成果，防止两极分化的扩大。所以在推动共同富裕进程中，必须着力提升区域协调发展水平，特别是在缩小城乡差距方面，要加快补齐农业农村发展短板，健全城乡融合发展体制机制，完善农业支持保护制度，拓展农民增收渠道，从而实现农民农村共同富裕。

农业不仅是国民经济的基础，也是实现农民农村共同富裕的关键。通过推动农业高质量发展，不仅可以提高农业生产效率，增加农民收入，还能促进农村经济的全面振兴，缩小城乡差距，实现社会的和谐与稳定。然而当前传统农业发展模式面临着如农村产业结构单一、生产效率不高、农民增收困难等诸多困难。这些问题的存在，不仅限制了农业的自身发展，也阻碍了农民生活水平的提升。为了能够有效应对挑战，需要通过引入先进的生产技术、科学的管理理念和创新的经营模式，实现农业生产的转型升级和农业高质量发展。农业高质量发展通过推广现代农业技术，如精准农业、智能农机、生物技术等，可以大幅提高农业生产效率，降低生产成本，提升农产品的产量和质量；通过推广绿色农业、循环农业等模式，减少农业生产对环境的负面影响，实现农业与生态环境的协调发展；通过产业链的延伸及发展农产品加工业、农村电商、休闲农业等新业态，拓展农业的功能和效益，为农民创造更多的收入来源。

当前学界研究主要集中于农业经济高质量发展的测度、实现路径、共同富裕的内涵以及影响农民农村共同富裕的相关因素，鲜有文献深入剖析农业经济高质量发展与农民农村共同富裕的关系。因此在新的历史征程上，厘清农业经济高质量发展推动农民农村共同富裕的内在逻辑和实践路径，对于加快推进全体人民共同富裕进程，实现强国建设、民族复兴的宏伟蓝图具有重要的理论价值与现实意义。

3.1 农业经济高质量发展促进农民农村共同富裕的机制

3.1.1 提高农业生产效率，增加农民收入

农业科技创新是农业经济高质量发展的核心。随着科技的不断进步，农业生产方式正在从传统的劳动密集型向技术密集型转变，不仅大幅提升了农业生产效率，还为农民增收和农村经济发展带来了新的动力。

先进技术和管理模式可以促进农业生产效率的提升。通过推广无人机植保、智能化温室大棚等新型农业技术，不仅可以提高农业生产效率、农产品产量和质量，还能为农民创造更多的收入来源，促进农民农村共同富裕的实现。例如，无人机植保技术的应用可以快速地对大面积农田进行精准施药，一方面，作业效率高并且节省农药使用量，有效降低了生产成本；另一方面，无人机植保技术还能够减少农药对环境的污染和农药残留，提高农产品的安全性，从而满足市场对绿色健康农产品的需求，为农民带来更高的经济效益。

农业生产效率的提升直接转化为农民收入的增加。生产效率的提高使得农产品的产量大幅增加，从而提高了农民收入。以粮食生产为例，随着农业机械化水平的不断提高，从播种、灌溉、施肥到收割等各个环节都实现了机械化作业，粮食产量逐年攀升。国家统计局的数据显示，2023 年全国粮食产量达到 13908 亿斤，人均粮食产量 493 公斤，连续多年超出世界平均水平，也高于国际公认的 400 公斤粮食安全线。机械化作业的普及使得粮食生产效率显著提升，农民在单位面积上的收入也随之增加，2023 年全国粮食单产达到了 389.7 公斤/亩。

农业产业链的延伸能够拓宽农民的增收途径。通过发展农产品加工业、农村电商、休闲农业等新业态，农民不仅可以从初级农产品的销售中获利，还可以通过加工、包装、品牌化等方式提升农产品的附加值。农村电商的快速发展为农产品销售提供了新的渠道，根据商务部发布的数据，2023 年全国农村网络零售额达 2.49 万亿元，比 2022 年增长 0.32 万亿元，全国农产品网络零售额达 5870.3 亿元，比 2022 年增长 556.5 亿元。农民通过电商平台既增加了销路，也实现了直接将农产品销售给消费者的转变，减少了中间环节，提高了利润空间，

实现了收入的增加。同时，休闲农业的兴起也为农民提供了新的收入来源，通过发展观光农业、采摘农业等模式，农民可以将农业生产与旅游服务相结合，实现多元化收入。

3.1.2　优化农村产业结构，拓宽农民增收渠道

农村产业多元化发展是当前农业经济高质量发展的重要方向。在传统农业的基础上，越来越多的新产业、新业态在农村涌现，为农村经济注入了新的活力，也为农民增收和农村振兴提供了新的路径。多元化发展不仅有助于优化农村产业结构，还能有效提升农业附加值，为农民带来更多的收入，促进农民农村共同富裕。

休闲农业是农业产业多元化的重要组成部分。随着生活水平的提升，人们的消费观念发生了转变，消费者对休闲旅游的需求逐渐增长，乡村凭借其优美的自然风光、独特的民俗文化和丰富的农事体验活动，吸引了大量城市游客。近年来休闲农业发展迅速，根据文化和旅游部的数据，2022 年全国休闲农业和乡村游客接待量达 28 亿人次，约占国内旅游总人次的 56%，营业总收入超 7400 亿元，占国内旅游总收入的 16. 2%。乡村可以通过开发农家乐、民宿、采摘园、农事体验园等旅游项目，打造各具特色的休闲农业品牌，这不仅可以带动当地农产品的销售，还可以为村民提供大量的就业机会，包括导游、厨师、服务员、农产品销售员等岗位，使农民收入水平大幅提高。休闲农业和乡村旅游的发展不仅可以促进农村经济的增长，还能推动农村基础设施的改善和文化传承的保护，为乡村振兴和农民农村共同富裕提供新的支撑。

农村电商是农业经济发展的新业态。互联网的普及推动了农村电商的快速崛起，打开了农产品的销售渠道，突破了地域限制。农民可以利用电商平台，将自家的农产品直接售往全国各地，减少了中间环节且提高了农产品的价格和利润空间，帮助农民实现增收。农村电商的发展还带动了相关产业的兴起，如物流、包装、运营服务等，为农村劳动力提供就业岗位，实现就业增收。农村电商的快速发展不仅拓宽了农产品的销售渠道，还促进了农村数字经济的发展，为农民增收和农村经济振兴提供了新的动力。

农产品加工业在农村产业结构优化中发挥着重要作用。通过对农产品进行

深加工，可以延长农业产业链，提升农产品附加值，从而实现农民收入的增加。根据国家统计局的数据，2022 年全国规模以上农产品加工企业营业收入超过 19 万亿元，农产品加工业产值与农业总产值比达到 2.52∶1。农产品加工业的发展为农民提供了稳定的销售渠道和收入来源，吸纳了大量农村劳动力就业，促进了农民增收致富。农产品加工业的发展不仅提升了农业附加值，还推动了农村工业化进程，为农村经济注入了新的活力。

3.1.3 加强农村基础设施建设，改善农民生活条件

农业经济高质量发展为农村基础设施建设提供了内生动力。农村基础设施是城乡融合发展的基石，其完善程度直接关系到农村经济的活力和城乡要素流动的效率。农业经济的高质量发展通过提升农业产值和农民收入，为农村基础设施投资创造了经济基础。同时现代农业对交通、通信、水利等基础设施的更高需求，也倒逼农村基础设施的升级。近年来农业现代化的过程中农村基础设施建设得到进一步完善，农民的生产生活条件得到了进一步改善。交通、水利、信息等基础设施的完善，为乡村振兴提供了强有力的支撑。从“村村通”到“户户通”的跨越，不仅是基础设施建设的进步，更是农村经济社会发展的缩影。基础设施的全方位改善，不仅便利了农业生产，更提升了农民生活的便捷度与舒适度，进一步缩小了城乡差距，能够为实现农民农村共同富裕奠定基础。

交通基础设施的提质升级为乡村振兴战略提供了关键保障。当前我国农村路网建设实现跨越式发展，从“村村通”逐步升级为“组组通”和“户户通”，显著提升了农村地区交通的通达性。根据国务院发布的《新时代的中国农村公路发展》白皮书，截至 2023 年年底，农村公路总里程增长到 460 万公里，占公路总里程的 84.6%，农村公路等级路里程及比例分别达到 445 万公里和 96.8%，铺装路面里程及比例分别达到 422 万公里和 91.8%，优良中等路率达到了 91.1%，形成了“外通内联、通村畅乡、客车到村、安全便捷”的农村交通运输网络。农村交通网络不断完善，为农产品运输、农民出行和农村经济发展提供了有力保障。一方面，农村公路的延伸和升级，有效降低了物流成本，使农产品运输更加便捷高效。“村村通”的建设使得农产品从田间地头到城市餐桌的时间大大缩短，减少了运输损耗，提高了农产品附加值。另一方面，便捷的

交通网络也吸引了工商资本下乡，拓展了农村经济交流的边界。随着“组组通”“户户通”的推进，越来越多的企业将目光投向农村，投资建设农产品加工厂、物流仓储设施等，带动了农村一二三产业融合发展。通过在农村地区建设物流配送中心，可以实现农产品从产地到消费者的快速直达，不仅能提高农民收入，也能丰富城市居民的“菜篮子”。

水利设施的升级保障了农业生产。近年来，国家加大了对农村水利设施的投入力度，实施了大型灌区续建配套与节水改造、小型农田水利设施建设等项目，有效改善了农业灌溉条件。据统计，2023 年我国耕地灌溉面积达到 10.75 亿亩，占全国耕地面积的 56%，农田灌溉水有效利用系数提高到 0.576。水利设施的完善，不仅确保了农业灌溉的稳定性，还提升了防灾减灾能力，保障了农业生产的连续性。例如，2023 年完成抗旱浇地面积 609.97 万公顷，抗旱挽回粮食损失 64.15 亿公斤，完善的水利设施有效缓解了旱情对农业生产的影响，确保了粮食稳产丰收。

信息基础设施的普及为农村新经济形态和公共服务的发展奠定了基础。宽带网络、5G 基站的覆盖，为电商、远程医疗、在线教育等新经济形态和公共服务在农村落地生根创造了条件。根据中国互联网络信息中心第 53 次《中国互联网络发展状况统计报告》的数据显示，截至 2023 年 12 月，全国行政村通宽带比例达到 100%，农村地区互联网普及率达到 66.5%，全国行政村通 5G 比例超过 80%。信息基础设施的完善，不仅便利了农民的生产生活，也为农村经济发展注入了新的活力。农民可以通过电商平台将特色农产品销往全国各地，实现增收致富。

3.1.4　推动农村金融创新，激发农村内生动力

近年来我国农村金融发展取得显著成效，金融服务体系不断优化升级。随着普惠金融战略的深入推进，农村地区金融基础设施建设实现跨越式发展，创新服务模式持续涌现，为全面实施乡村振兴战略构筑了坚实的金融保障，也为促进农民增收致富、推动城乡协调发展提供了重要支撑。《中国普惠金融指标分析报告（2023—2024 年）》相关数据显示，截至 2023 年底，银行业金融机构网点已实现乡镇全覆盖，全国乡镇金融服务覆盖率达 97.93%；金融机构网点密度

达到每万人16个；农村地区助农取款服务点总数突破66万个；涉农贷款规模达56.6万亿元，较上年增长14.9%。我国农村金融服务覆盖面持续扩大，农村金融服务可获得性显著提升，为普惠金融发展提供了有力支撑。金融基础设施的持续完善有效优化了农村金融生态环境，不仅缩小了城乡金融服务差距，更为实现共同富裕目标创造了良好条件。

一是小额信贷方面，业务流程不断优化，创新力度持续加大。据统计，2022年全国涉农贷款余额达49.25万亿元，同比增长14%，其中农户贷款余额15.27万亿元，同比增长12.5%。各金融机构通过简化审批流程、降低贷款门槛等措施，为农户提供便捷的启动资金支持。以中国农业银行为例，其推出的“惠农e贷”产品，通过大数据风控模型，实现线上申请、自动审批，最快10分钟即可完成放款，有效满足了农户小规模种植养殖、农产品加工等创业需求。同时，各地农商行因地制宜推出特色信贷产品，如浙江农信的“丰收创业贷”、江苏农信的“富农贷”等，为农村创业者提供了多样化的融资选择。金融创新举措有效促进了农民增收致富，为实现共同富裕提供了重要支撑。

二是农业供应链金融方面，农业供应链金融作为现代农业金融体系的重要组成部分，以核心企业为枢纽构建产融协同机制，通过“龙头企业+金融机构+新型经营主体”的创新模式，为农业全产业链提供系统性融资解决方案。农业领域已形成农业产业链式培育格局，统计数据显示，截至2024年，我国农业产业化国家重点龙头企业达2285家，县级以上龙头企业总量突破9万家，这些市场主体通过订单农业、技术输出和金融服务等方式，有效带动了上下游中小微企业与农户发展，形成良性产业生态。新希望集团打造的“希望金融”平台具有示范意义。作为国内首批聚焦农牧产业的数字化供应链金融服务平台，该平台依托核心企业信用传导机制，创新开发“好养贷”等金融产品，为养殖户提供涵盖饲料采购、疫病防治、设备升级等环节的全周期金融服务方案。农业供应链金融既化解了传统农业信贷中的信息不对称难题，又通过资金流、物流、信息流三流合一保障了产业链运转效率，为农业生产经营创造了良好条件。

三是农业保险方面，农业保险规模持续扩大，保险种类不断创新，保障功能持续增强。从农业保险发展规模情况来看，我国农业保险发展态势良好，2022年，保费收入突破千亿大关，达到1192亿元，较上年增长23%，累计为1.67亿户次农户提供了4.7万亿元的风险保障。在险种创新方面，各类新型农业保险产品相继推出，包括气象指数保险、价格指数保险、收入保险等创新险种，这些产品有效应对了自然灾害和市场波动带来的多重风险。中国人保财险推出的“生猪价格指数保险”通过设定价格触发机制，当市场价格低于约定水平时自动启动赔付程序，为养殖户提供了及时有效的风险保障。这些保险产品为农民创业提供了有力保障，解除了后顾之忧，激励农民大胆投身新产业、新技术探索，为实现共同富裕提供了风险保障。

四是数字普惠金融方面，数字金融技术的应用进一步提升了农村金融服务的效率和覆盖面，为促进共同富裕提供了技术支撑。移动支付、大数据、区块链等技术在农村金融领域得到广泛应用。蚂蚁金服推出的“县域普惠金融平台”，通过大数据风控和人工智能技术，为县域小微企业和农户提供精准的信贷服务。技术创新不仅降低了金融服务成本，还提升了金融服务的可获得性，有效促进了农村金融服务的均等化。

农村金融产品和服务创新为农业农村现代化注入了新的活力，为实现农民农村共同富裕提供了重要支撑。随着乡村振兴战略的深入推进，农村金融需求将更加多元化、个性化，尤其是低收入群体和小农户的金融需求。金融机构需要进一步创新产品和服务，完善风险分担机制，加强金融科技应用，构建更加完善的农村普惠金融体系，通过金融创新帮助农户增收致富，缩小收入差距，推动实现共同富裕。同时，要注重防范金融风险，确保农村金融创新行稳致远，为乡村振兴提供持续、稳定的金融支持。

3.2 农业高质量发展促进农民农村共同富裕的路径

3.2.1 科技创新驱动农业现代化

引入现代农业技术和管理方法是提升农业生产效率和质量、降低生产成本、增加农民收入的关键路径。通过推广精准农业、智能灌溉、无人机植保等先进技术，可以实现农业生产过程的精细化管理，优化资源配置，提高土地利用率和劳动生产率。同时，现代农业技术的应用有助于减少化肥、农药的过度使用，降低环境污染，推动农业向绿色、可持续发展转型。此外，结合大数据、物联网等信息技术，构建农业信息化平台，能够实现对农业生产全过程的实时监控和科学决策，进一步提升农业生产的科学化、智能化水平。

在提高生产效率和质量的基础上，结合区域优势因地制宜发展具有地方特色的农业产业是实现农业增效、农民增收的重要举措。通过深入挖掘地方资源禀赋，培育优质棉花、特色林果、有机蔬菜等特色农产品，不仅可以满足市场多样化需求，还能显著提升农产品的附加值和市场竞争力。特色农业的发展应当强化品牌战略，通过实施地理标志保护、有机认证等标准化建设，培育具有地方特色的优质农产品品牌，提升产品市场竞争力与消费认可度。在此基础上着力延伸农业产业链条，积极发展农产品精深加工、休闲农业、乡村旅游等新型产业形态，不仅能够开辟农民就业增收新途径，更能推动农业产业结构的优化升级，实现乡村经济的可持续发展。

政府应加大对农业科技创新和特色产业发展的政策支持力度，完善农业技术推广体系，加强农民技能培训，提升农业从业者的技术水平和经营管理能力。通过构建“政府引导、企业主导、农民参与”的协同机制，形成现代农业技术与特色产业发展的良性互动，最终实现农业生产效率提升、农民收入增加和农村经济高质量发展的多重目标。

3.2.2 产业融合促进农村经济多元化

促进农村产业结构的调整，促进一二三产业的融合，发展现代农业和乡村旅游等新兴产业，提高农产品综合效益，为农民创造更多的收入增加机会。要在充分利用区域的资源优势的基础上，进行深入的合作和协同发展。首先，要进行产业布局的优化，培育一批农业产业化的龙头企业，形成一条既有区域特色又有乡土意义的产业链，同时也要大力发展农副产品深加工、乡村旅游等。其次，要充分发挥农业的多种功能，把“田园”建设成为集生态、观光和文化体验为一体的“田园”，培育休闲农业和健康产业等新型产业。在此基础上，构建农业合作社、特色小镇和农业园区等产业协作发展平台，促进城乡产业协调发展，形成特色的城乡一体化格局。

3.2.3 绿色发展保障农业可持续性

将绿色发展理念深度融入现代农业发展体系中，是推动农业高质量发展的重要战略路径。通过系统性地引入创新性组织方式、先进技术手段、科学的政策举措以及市场化运行机制，不仅能够显著提升农业生产效率及农产品质量安全水平，还可有效降低农业生产对生态环境的负面影响，从而实现农业经济效益与生态效益的协同发展。具体而言，创新组织方式可优化农业生产要素配置，先进技术手段能够提高资源利用效率，科学政策举措有助于构建绿色发展制度框架，而市场化运行机制则可促进绿色农产品价值实现。这种多维度的融合创新，既符合现代农业高质量发展的内在要求，又能有效应对资源环境约束，为构建环境友好型、资源节约型的现代农业体系提供有力支撑，最终实现农业的可持续发展目标。

绿色农业技术创新是推动农业绿色发展的关键所在。政府应加大对农业科技研发的财政投入，引导公共和私人部门共同研发节水灌溉、有机肥料使用、农作物轮作等具有区域适用性的技术。新型农业技术的研发与应用，不仅能够有效提高农业生产效率，还能减少水资源和化肥的浪费，从而降低农业对环境的压力。科研院所应加强与本地农业企业的紧密合作，双方共同搭建产学研用一体化的合作平台，将先进的农业科技成果转化为实际生产力，不仅有助于提升农业生产的环境可持续性，还能促进农业产业升级和农民增收。

建立健全绿色农业技术推广体系是推动农业绿色发展的重要保障。通过示范项目和培训课程，将高效种植和养殖技术传授给广大农民，帮助他们掌握先进的农业技术，提高资源利用效率、减少资源浪费，推动农业生产向更加环保和可持续的方向发展。政府还应制定一系列激励政策，吸引更多农业经营者主动采用低碳技术。例如，提供技术升级补贴、实施税收减免等，以减轻农业经营者的经济负担，激发他们采用新技术的积极性，有助于加快农业结构的转型升级，推动农业走上科技支撑、资源节约型的可持续发展之路。

3.2.4 人才培养增强农村内生动力

人才是农业经济高质量发展、农民农村共同富裕的活力源泉，实施乡村振兴战略，急需建立系统的人才支撑体系。政府应通过多元化的人才供给体系，建立和完善“引育并举”的机制，增强农村内生动力，为农村持续发展提供人才支撑，促进农村经济持续发展。在人才引进上，需要以优化乡村发展环境为重点，整合人才引进资源，完善政策体系，通过加强基础设施建设、提升公共服务水平、优化营商环境等方面的措施，为引进人才创造有吸引力的乡村人才生态环境。建立健全包括创业扶持政策、住房保障措施、子女教育配套等在内的人才返乡激励机制，切实为返乡人才解决后顾之忧。同时，发挥农村科技特派员、农村振兴驻村工作队、科技专家服务团等骨干力量的专业优势，为农村产业发展提供智力支持和技术保障，建立与农村振兴需求相匹配的多层次人才培养体系。在人才培养上，要有针对性地加强科技特派员、科技专家服务团的指导。首先，可重点培养农业技术推广、乡村治理、电子商务等领域急需紧缺人才，通过设立乡村技能学校、完善农村职业教育培训体系等方式进行培养。培训既可以充分利用现代信息技术，如网络课程、远程教育等，拓宽培训的覆盖面，让更多的农民参与到培训中来，有效提高信息传递的效率和质量；同时也可以通过现场演示和实操练习，提升农民的实际操作能力，确保农民更好地掌握技能。其次，加快新型职业农民认定标准体系建设，提升农民适应现代农业发展的综合素质。教育机构可与政府、企业、农民组织等加强合作，开展系统的职业能力培训共同推进农业科技创新和人才培养，促进农民在现代农业发展中的综合素质提升。通过构建“政企校”协同育人机制，促进地方政府、涉农企业、高等院校等开展深度合作，为农业农村发展保驾护航。培育高素质农业科技人才需要高等院校一方面通过开设涉农专业培养高素质、专业性人才，另一方面通过联合办学、订单式培养、共建实训基地、联合技术攻关等方式加强与政府、农业企业的合作，为科技创新应用筑牢人才基础，保障农业现代化人才需求，实现人才链、教育链、产业链、创新链的有机衔接和融合发展，为农业科技创新和农业现代化建设提供有力支撑。

健全完善“引育并举”的人才配套保障体系。在政策上，建立健全人才引进、培养、使用、评价、激励等全流程政策保障；在资金上，设立乡村振兴人才发展专项资金，为人才引进和培养提供资金保障；在平台建设上，搭建乡村人才信息服务平台，促进人才供需精准对接，通过构建系统化人才支撑体系，为乡村振兴战略实施提供坚强的人才保障和智力支持。

3.3　本章小结

农业经济高质量发展与农民农村共同富裕之间存在密切的协同关系，二者相互促进、互为支撑。农业经济高质量发展通过提升生产效率、优化产业结构、推动技术创新，为农民农村共同富裕奠定物质基础；而农民农村共同富裕则通过扩大内需、提高人力资本水平、促进社会公平，为农业经济高质量发展提供持续动力。想要实现农业经济高质量发展与农民农村共同富裕的协同促进，需要推动科技创新与产业升级，促进产业融合形成多元化农业经济体系，坚持绿色发展保障农业农村发展的可持续性，通过人才培养增强农业农村发展的内生动力，最终为全面建设社会主义现代化国家提供坚实支撑。

4 农业经济高质量发展现状及路径研究

当前，我国农业正处于向现代化转型升级的关键时期，农业经济高质量发展不仅是国家“三农”政策的重要导向，也是广大农民群众的热切期盼。作为新时代建设农业强国和实施乡村振兴战略的核心任务，农业经济高质量发展要求在保障粮食安全的前提下，通过科技创新和产业融合，全面提升农产品质量安全水平和农业综合效益，实现农业经济的绿色、可持续和全面发展。这一发展理念强调要统筹兼顾经济效益、社会效益和生态效益，推动农业生产方式由传统粗放型向现代集约型转变。近年来，新疆立足区域特色和资源优势，在深入实施乡村振兴战略的背景下，大力推进农业供给侧结构性改革，通过完善农业基础设施、推广现代农业技术、培育新型农业经营主体等措施，积极推动传统农业向现代农业转型升级，在特色林果业、现代畜牧业和设施农业等领域取得了显著成效，为促进农业全面进步和农民持续增收奠定了坚实基础。这些实践探索不仅为新疆农业高质量发展注入了新动能，也为其他地区提供了可资借鉴的经验。

农业经济高质量发展是我国实现农业现代化、推动乡村振兴和建设农业强国的核心任务，具有重要的理论价值和现实意义。第一，农业是国民经济的基础，粮食安全是国家安全的根本保障。研究农业经济高质量发展，有助于优化农业生产结构，提高粮食综合生产能力，确保农产品稳定供给，从而维护国家粮食安全和社会稳定。特别是在全球气候变化、国际粮食市场波动加剧的背景下，推动农业高质量发展对增强我国农业抗风险能力至关重要。第二，农业经济的高质量发展不仅关注产量增长，更强调农业效益提升和农民收入增加。通过科技创新、产业融合、品牌建设等手段，可以提高农产品附加值，拓宽农民增收渠道，缩小城乡收入差距，助力乡村振兴和共同富裕目标的实现。第三，农业经济高质量发展强调绿色生态导向，推广节水农业、循环农业、有机农业等可持续模式，减少化肥农药使用，保护耕地质量，实现经济效益与生态效益的协调统一，为农业长期健康发展奠定基础。第四，农业高质量发展是乡村振兴的重要支撑。通过优化农业产业结构、培育新型农业经营主体、发展农村新业态，可以激活农村经济活力，促进城乡要素流动，推动农村一二三产业融合，实现城乡协调发展。

4.1 农业经济高质量发展水平指标构建

4.1.1 指标体系构建

基于新发展理念，农业经济高质量发展内容涵盖了绿色、共享、创新、开放、协调 5 个维度。其中，创新是农业经济高质量发展的动力源，农业科技创新是农业动能转换的关键，通过转换农业动能，不断提高农业生产率和农产品产量。协调是农业经济高质量发展的要求，主要包括优化农业就业结构、城乡收入和消费结构。绿色是农业经济高质量发展的形态，通过减少能源资源消耗、优化农业环境治理，推进农业绿色发展。开放是农业高质量发展的趋势，通过创新农产品贸易形式，促进进口与出口的多元化。共享是农业经济高质量发展的目标，使得农民能共享发展成果，提高其收入水平。本章从新发展理念 5 个维度出发，对农业经济高质量发展进行了指标体系的构建。

创新发展是农业经济高质量发展的核心动力。用农村劳动者教育水平、农村固定资产投资、农业机械化程度、财政支农水平、土地产出率和劳动生产率来衡量。协调发展是农业经济高质量发展的内生要求。农业协调发展用城乡居民收入比、城乡居民支出比、农业就业比重、农业生产性服务业发展水平、休闲农业发展水平、第一产业比较生产率表示。绿色发展是农业经济高质量发展的普遍状态。农业绿色发展从单位面积化肥使用量、单位面积农药使用量、单位面积农膜使用量、森林覆盖率、林业病虫灾害防治效果 5 个方面来建立评价指标。开放发展是农业经济高质量发展的必由之路。农业经济开放发展主要体现在农村市场化程度和农业进出口额两方面。共享发展是农业经济高质量发展的价值导向，是实现共同富裕的关键路径之一。共享发展主要用农村恩格尔系数、农村居民收入水平两方面来衡量。上述指标的选取是在参考相关文献和数据实际可获得性的基础上确定的，具体基础指标如表 4-1 所示。

表 4-1　农业经济高质量发展指标体系

一级	二级指标	指标度量	属性
创新发展	农村劳动者教育水平	农村人口受教育年限（年）	正
	（农村）固定资产投资	农林牧渔业固定资产投资比重（%）	正
	农业机械化程度	机械总动力/耕地面积（千瓦/公顷）	正
	财政支农水平	农林水事务支出/地方财政支出（%）	正
	土地产出率	第一产业增加值/农作物总播种面积（%）	正
	劳动生产率	第一产业产值/第一产业从业人员（万元/人）	正
协调发展	城乡居民收入比	城镇居民人均收入/乡村居民人均收入（%）	负
	城乡居民支出比	城镇居民人均支出/乡村居民人均支出（%）	负
	农业就业比重	第一二三产业就业人数（%）	正
	农业生产性服务业发展水平	生产性服务额（总产值-农-林-牧-渔）	正
	休闲农业发展水平	休闲农业示范县占比	正
	第一产业比较生产率	第一产业产值比重/第一产业就业人员比重（%）	正
绿色发展	单位面积化肥使用量	化肥施用量/播种面积（公斤/公顷）	负
	单位面积农药使用量	农药施用量/播种面积（公斤/公顷）	负
	单位面积农膜使用量	农膜使用量/播种面积（公斤/公顷）	负
	森林覆盖率	森林面积/土地面积（%）	正
	林业病虫灾害防治	林业病虫灾害防治率（%）	正
开放发展	农村市场化程度	农村劳动力非农就业占比（%）	正
	农业进出口额	农业进口额与出口额之和	正
共享发展	农村恩格尔系数	食品支出总额/个人消费支出总额	负
	农村居民收入水平	农村居民人均纯收入增长率（%）	正

4. 1. 2　农业经济高质量发展水平测量

（1）数据来源

本书选取新疆 2005—2022 年共 18 年的数据作为研究的基础数据。其中，原始数据均取自《中国统计年鉴》《新疆统计年鉴》及中经网统计数据库。

（2）测量方法选取

从已有文献来看，目前指标权重确定方法主要分为主观赋权法和客观赋权法两类，主观赋权法主要包括德尔菲法和层次分析法，从定性角度根据指标含义和作用大小来确定权重，此种方法虽可以充分结合当下实际情况，但难免个人主观色彩较强，权重确定有失合理性。客观赋权法主要包括熵值法、主成分分析和因子分析法等，是定量分析方法，一定程度上避免了主观臆断造成的误差。因此，本文选用熵值法确定指标权重，既避免了随机性、臆断性问题，又解决了多指标变量间的信息重叠问题。

在信息论中，熵是对不确定的一种度量，信息量越大，不确定性就越小，熵也就越小；信息量越小，不确定性越大，熵也就越大。根据熵的特性，我们可以用熵值来判断某个指标的离散程度，指标的离散程度越大，该指标对综合评价的影响越大。

在进行熵值法分析之前，由于原始数据的范围、量纲不同，所以要先通过离差标准化进行标准化量纲处理，方法如下：

正向指标：$x_{ij} = \dfrac{X_{ij} - \min X_{ij}}{\max X_{ij} - \min X_{ij}} + 1$ （1）

逆向指标：$x_{ij} = \dfrac{\max X_{ij} - X_{ij}}{\max X_{ij} - \min X_{ij}} + 1$ （2）

其中，X_{ij} 为新疆第 i 年第 j 个指标的原始数值，x_{ij} 为经过标准化处理的新疆第 i 年第 j 个指标的值，$i = 1, 2, \cdots, n$；$j = 1, 2, \cdots, m$。

其次，计算单一评价方法评价值。这里的单一评价方法包括熵值法、TOPSIS 法和灰色关联度法，计算依据分别如下：

熵值法评价农业经济高质量发展水平，具体计算步骤如下：

第一，计算农业经济高质量发展水平评价第 i 个指标（$i=1, 2, \cdots n$）的特征比重：

$$p_{ij} = \frac{x_{ij}}{\sum_{i=1}^{n} x_{ij}}, \ x_{ij} \geqslant 0 \qquad (3)$$

第二，计算第 j 个指标的熵值：

$$e_j = -1/\ln \sum_{i=1}^{n} p_{ij} \ln p_{ij} \qquad (4)$$

第三，计算第 j 个指标的差异性系数：

$$g_i = 1 - e_j \tag{5}$$

其中，g_i 的大小与该指标的作用呈正相关关系。

第四，计算第 j 项指标占所有指标的权重：

$$w_j = g_j / \sum_{j=1}^{m} g_j \tag{6}$$

其中，w_j 为归一化后的权重系数。

通过熵值法计算得到了农业经济高质量发展评价指标体系当中各项指标的权重系数如表 4-2 所示：

表 4-2　农业经济高质量发展指标体系

一级	权重	二级指标	属性	权重
创新发展	0.2604	农村劳动者教育水平	正	0.0463
		农村固定资产投资	正	0.0388
		农业机械化程度	正	0.0455
		财政支农水平	正	0.0472
		土地产出率	正	0.0434
		劳动生产率	正	0.0391
协调发展	0.2888	城乡居民收入比	负	0.0446
		城乡居民支出比	负	0.0493
		农业就业比重	正	0.0485
		农业生产性服务业发展水平	正	0.0466
		休闲农业发展水平	正	0.0480
		第一产业比较生产率	正	0.0517
绿色发展	0.2529	单位面积化肥使用量	负	0.0526
		单位面积农药使用量	负	0.0438
		单位面积农膜使用量	负	0.0588
		森林覆盖率	正	0.0505
		林业病虫灾害防治	正	0.0473
开放发展	0.1021	农村市场化程度	正	0.0514
		农业进出口额	正	0.0507
共享发展	0.0958	农村恩格尔系数	负	0.0425
		农村居民收入水平	正	0.0533

4.2 新疆农业经济高质量发展水平现状分析

4.2.1 总体情况

随着科技的不断进步和社会经济的持续发展，新疆农业正在向高质量发展目标迈进。这一目标的实现离不开创新、协调、绿色、开放、共享五大发展理念的引领和推动。近年来，新疆农业总产值呈倍增趋势，新疆农林牧渔业总产值呈稳步上升趋势，新疆农业整体呈现向好的趋势，2018—2022 年，如图 4-1 所示，新疆农林牧渔业总产值从 3428.37 亿元增长至 5144.89 亿元，增长了 50.07%，年均增长率达 10.01%。

从具体分类来看，如下表 4-3 所示，可以清晰地看出新疆农业主要分为农、林、牧、渔业。其中农业、牧业的增产明显，从 2018—2022 年，分别增长了约 47.73%、63.89%，渔业总产值也有一定的增长。

图 4-1 新疆 2018—2022 年农林牧渔总产值

数据来源：国家统计局

表 4-3 2018—2022 年新疆农业各产业总产值表 单位：（亿元）

指标	2018 年	2019 年	2020 年	2021 年	2022 年
农业总产值	2541.16	2616.3	2936.33	3488.99	3753.98
林业总产值	62.7	65.56	66	79.12	53.5
牧业总产值	796.42	915.27	1038.08	1265.69	1305.28

续表

指标	2018 年	2019 年	2020 年	2021 年	2022 年
渔业总产值	28.09	27.53	27.24	35.95	32.13

数据来源：国家统计局

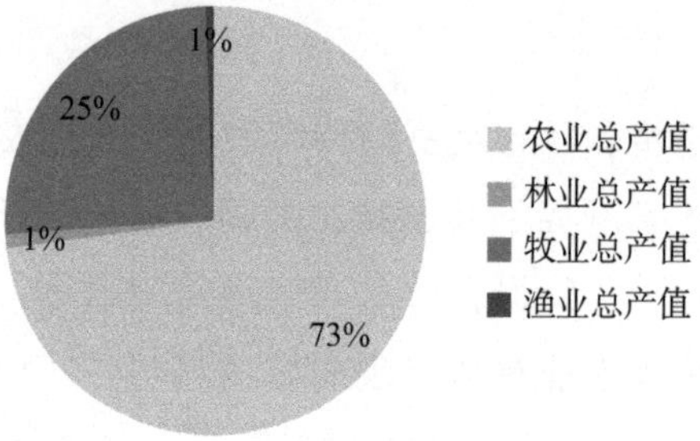

图 4-2　2022 年新疆农业各产业占比图

数据来源：国家统计局

根据图 4-2 所示，新疆农业构成以农业和牧业为主，2022 年其总产值的占比达 98%左右，其中农业占 73%，牧业的占 25%，而林业和渔业占比相对较低。

为了了解新疆农业经济高质量发展整体情况，根据前文构建的数字经济发展评价指标，在通过熵权法确定好各指标权重后，利用公式（4-7）计算出新疆农业经济高质量发展水平指数。

$$A_i = \sum_{j=1}^{m} w_j x_{ij} \times 100,\ (i = 1,\ 2,\ \cdots\cdots,\ n) \tag{4-7}$$

最终得到结果如表 4-4：

表 4-4　2005—2022 年新疆农业经济高质量发展水平

年份	新疆农业经济高质量发展水平
2005	29.42
2006	31.53
2007	26.85
2008	28.77
2009	37.44
2010	34.87
2011	40.51

续表

年份	新疆农业经济高质量发展水平
2012	39.69
2013	40.38
2014	39.22
2015	41.34
2016	45.33
2017	46.54
2018	50.56
2019	54.09
2020	54.83
2021	58.12
2022	57.19

数据来源：计算所得。

2005—2022 年，新疆农业经济高质量发展水平从 29.42 增长至 57.19，除个别年份略有波动以外，整体保持增长趋势，年均增长率达 1.5%，尤其在 2016 年后增速明显加快。其中，2007 年和 2010 年出现短暂回落，可能与当时的宏观经济环境变化或农业政策调整有关，2021 年达到峰值 58.12。相比 2005 年，2022 年新疆农业经济高质量发展水平增长了近 1 倍，新疆农业经济高质量发展水平不断提升。

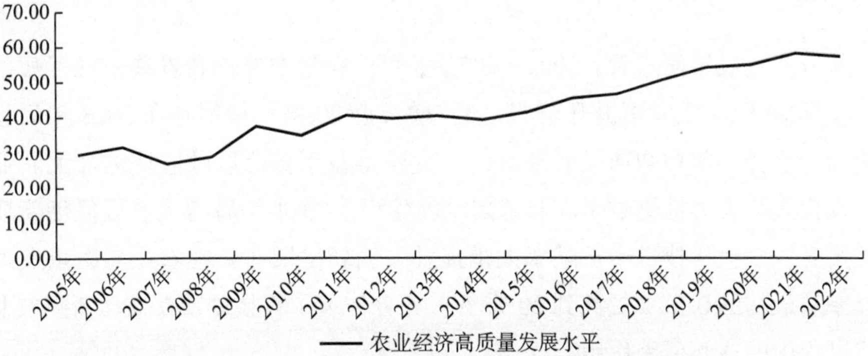

图 4-3　2005—2022 年新疆农业经济高质量发展水平

数据来源：计算所得。

表 4-5　2005—2022 年新疆农业经济高质量发展具体情况

年份	发展水平	创新发展	协调发展	绿色发展	开放发展	共享发展
2005 年	29.42	0.98	2.73	17.59	2.79	5.33
2006 年	31.53	1.61	5.18	17.69	0.88	6.18
2007 年	26.85	6.02	5.19	8.87	0.95	5.83
2008 年	28.77	6.91	5.62	9.59	1.03	5.62
2009 年	37.44	7.55	11.08	11.11	1.08	6.62
2010 年	34.87	9.11	7.49	10.52	1.15	6.60
2011 年	40.51	8.30	13.99	10.29	1.21	6.73
2012 年	39.69	9.98	10.44	10.59	1.23	7.45
2013 年	40.38	12.74	12.61	7.68	0.61	6.75
2014 年	39.22	14.64	12.80	3.47	0.60	7.71
2015 年	41.34	15.21	12.45	5.25	0.47	7.95
2016 年	45.33	15.35	12.80	8.62	0.37	8.19
2017 年	46.54	14.74	13.22	9.57	0.65	8.38
2018 年	50.56	16.09	13.72	11.66	0.70	8.40
2019 年	54.09	17.79	14.39	12.50	1.18	8.24
2020 年	54.83	17.52	13.48	13.72	1.35	8.77
2021 年	58.12	22.07	14.40	11.76	1.33	8.56
2022 年	57.19	20.83	14.14	11.73	1.38	9.11

数据来源：计算所得。

从五大发展层面来看，2005—2022 年间，新疆农业创新发展实现了质的飞跃，指标值从 0.98 大幅提升至 20.83，增长近 20 倍。特别是在 2013 年后呈现加速增长态势，年均增速显著提升，这主要得益于自治区政府持续加大农业科技研发投入和大力推进数字农业基础设施建设。2014 年后增速放缓但创新质量显著提升，农业科技进步贡献率大幅提升。创新发展对新疆农业高质量发展的贡献率从最初的 0.98%提高到 20.83%，充分体现了科技创新在推动新疆农业现代化进程中的核心引擎作用。

协调发展方面在 2005—2022 年间实现了从 2.73 到 14.14 的显著提升，整体增长超过 6 倍，表明新疆农业经济在区域协同和产业均衡方面取得重要进展。

2011 年后该指标呈先降后增趋势，且年均增长率由前期的 12.6%下降至 6.5%，年均增长率的降低可能源于多重因素：一方面，更深层次的区域发展不平衡问题和产业结构矛盾逐渐显现，如南北疆发展差异、传统农业与现代农业的衔接不畅等结构性难题；另一方面，农业产业链条较短、附加值较低等产业优化瓶颈也开始制约协调发展水平的进一步提升。

绿色发展呈先降后升的趋势，2014 年跌至 3.47 的谷底后持续回升至 11.73，体现了生态环境保护与农业发展的再平衡过程。2014 年后随着生态文明建设纳入国家战略，新疆通过推广节水灌溉、有机农业、循环经济等绿色技术，以及实施严格的环保监管，推动农业生产方式向环境友好型转变。

新疆农业经济的开放发展水平长期处于低位状态，2005—2022 年间始终未能突破 3.0 的水平，在五大发展维度中贡献率最低，突出反映了新疆农业外向型发展面临的制约，这些制约主要体现在国际环境变化、农产品国际贸易规模有限、跨境农业合作深度不足、农业双向开放程度较低等方面，这种相对封闭的发展模式不仅限制了新疆农业参与国际分工的深度，也可能制约其对接“一带一路”沿线国家农业市场的潜力释放，需要通过完善口岸经济带建设、培育外向型农业经营主体、加强农业国际标准对接等举措实现突破。

共享发展方面，2005—2022 年间呈现出稳健提升态势，从 5.33 稳步增长至 9.11，年均增长率达到 3.1%。这一持续向好的发展趋势主要体现在农村居民人均可支配收入实现显著增长，2022 年达到 18635 元，较 2005 年增长近 5 倍。新疆在推动农业现代化进程中始终注重发展成果的普惠性，通过产业扶贫、就业扶持、社会保障等多重举措，切实保障了农民群体的切身利益，使广大农民群众在农业经济高质量发展过程中获得感、幸福感大幅提升。

新疆农业高质量发展需要在保持创新动力的同时，着力补齐开放发展短板，突破协调发展瓶颈，并建立更加稳定的绿色发展机制，推动形成更加均衡、可持续的发展新格局。

4.2.2　创新发展情况

创新是农业高质量发展的核心驱动力。新疆农业在创新发展方面，注重科技投入，加强农业科技创新体系建设，推广先进适用技术，提高农业生产效率。

农业科技投入的增加使得新疆呈现出显著的农业现代化发展趋势，这主要反映在土地产出率和劳动生产率近年来的变化趋势上。

劳动生产率是一种评估劳动力使用效率和经济效益的重要指标。劳动生产率的提高可以降低生产成本，实现农业增收，进一步实现农业转型。通过对劳动生产率曲线进行分析，我们可以了解劳动生产率的变化趋势，进而评估农业经济发展的水平和效益。从劳动生产率来看，如图 4-4 所示，2005—2022 年新疆地区劳动生产率整体处于上升趋势，从 2005 年的 1.25 增长至 2022 年的 5.22，增幅超过四倍，特别是在 2020 年后呈现加速上升态势，2021 年同比增幅达到 20.2%，这充分表明新疆农业生产的效率和质量得到显著提升。劳动生产率的提升意味着新疆农业的创新效益也在逐年增加。

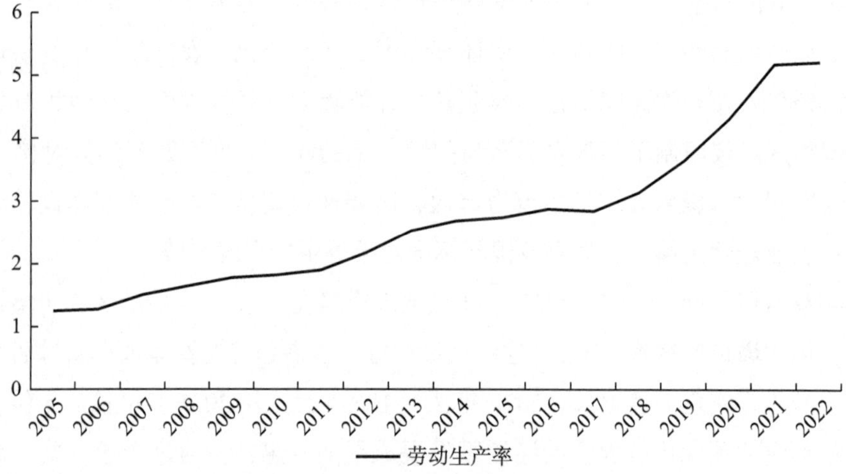

图 4-4　2005—2022 年新疆劳动生产率

数据来源：根据《新疆统计年鉴》计算所得

土地产出率分析是一种评估土地利用效率和农业生产效益的方法。农业产业结构、农业适度规模经营、农业科技进步关乎土地产出率的高低。通过对土地产出率曲线进行分析，我们可以了解土地生产力的变化趋势，进而评估农业生产发展状况。在图 4-5 中，2005—2022 年新疆地区土地产出率整体处于上升趋势，从 0.14 波动上升至 0.39，2010 年和 2021 年出现两次明显的跃升，增幅分别达到 40.8%和 16.9%，这种阶段性突破与农业科技的创新发展，如新品种推广、节水灌溉技术应用或精准农业实施等密切相关。土地产出率的提升意味着新疆农业的创新成效也在逐年递增。

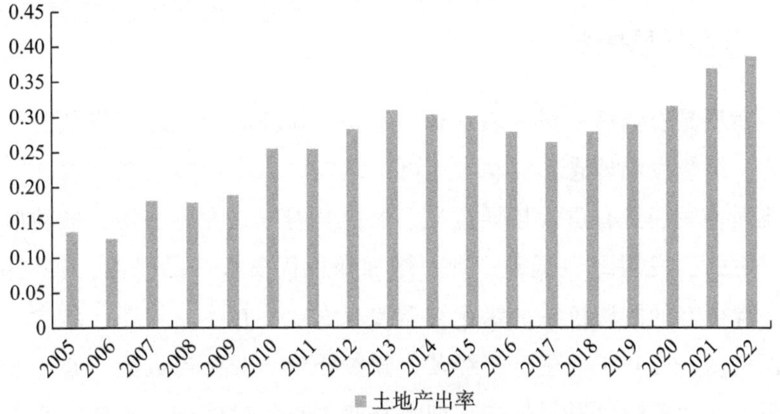

图 4-5　2005—2022 年新疆地区土地产出率

数据来源：根据《新疆统计年鉴》计算所得

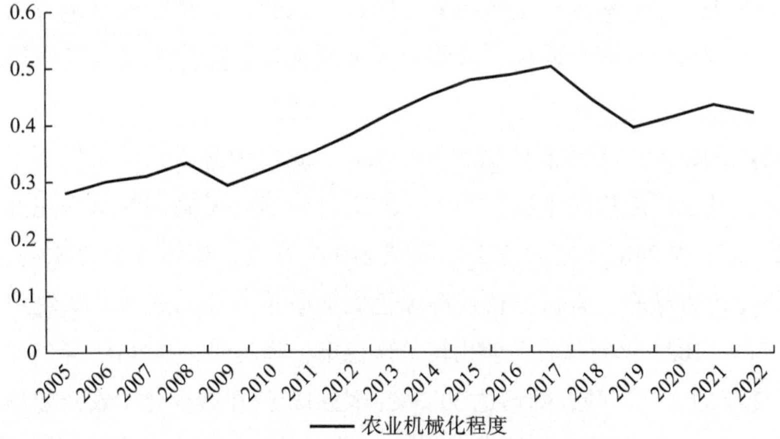

图 4-6　2005—2022 年新疆农业机械化程度

数据来源：根据《新疆统计年鉴》计算所得

农业机械化程度分析是反映农业科技投入情况及现代化水平的关键指标之一，农业机械化程度越高，越能提高产出，降低成本。新疆的农业机械化水平在 2005—2022 年间呈现出持续提升的发展态势（见图 4-6），从 2005 年的 0. 28 增长至 2022 年的 0. 42，年均增长率约为 2. 4%，这一进程在 2014 年达到峰值后出现小幅波动，反映出机械化发展可能进入平台期，需要通过设备升级或智能农机应用实现新的突破。

4.2.3 绿色发展情况

绿色发展是农业高质量发展的必然选择。新疆农业在绿色发展方面，坚持生态优先、绿色发展理念，推动农业可持续发展。推行绿色发展理念对实现农业经济高质量发展具有重大指导意义，加快发展方式绿色转型，推动形成绿色低碳生产方式，发展绿色低碳产业，增加绿色优质农产品供给，实现保供给、保收入、保生态的协调统一。绿色转型要求农业在技术、设备、理念、管理方式上不断创新，推动农业生产、经营、服务环节的变革与进步。通过实施生态农业、循环农业等绿色发展模式，加强农业生态环境保护，提高农业资源利用效率，实现农业与生态环境的和谐共生。

化肥、农药、农膜在一定程度上可以促进农作物的生长，但是也带来环境污染、水污染、空气污染、土壤污染等问题，因此，了解新疆绿色农业发展状况，需深入剖析以化肥、农药、薄膜为代表的现代农业技术投入品与消耗品的使用情况。

2015—2022 年，新疆农业生产中的化肥、农药和薄膜使用量经历了先增后减的变化。从化肥施用量来看，2015—2022 年新疆化肥施用量呈现先升后降的趋势，2015 年为 248 万吨，2022 年降至 240. 7 万吨，整体减少约 3%，反映出新疆在测土配方施肥、有机肥替代等绿色农业政策方面的成效。从农药使用量来看，2015—2022 年新疆农药使用量呈现稳定下降趋势，从 2015 年的 3. 0 万吨降至 2022 年的 2. 0 万吨，降幅达 33. 3%，表明新疆在减少化学农药依赖、推广绿色防控方面取得进展。从薄膜农药使用量来看，新疆薄膜使用量整体稳定，2015 年为 26. 89 万吨，2022 年小幅上升至 27. 9 万吨，增幅约 3. 8%，可能受棉花等覆膜作物种植面积扩大影响，薄膜使用量呈现增加趋势。新疆农业正逐步向绿色生产方式转型，化肥、农药使用量持续下降，尽管整体趋势与全国相似，但新疆的下降速度相对较慢。在新疆农业发展过程中，对这些投入品的使用仍存在一定的惯性，需要进一步调整和优化。

表 4-6　2016—2022 年新疆化肥、农药和薄膜使用量（万吨）

年份	2015	2016	2017	2018	2019	2020	2021	2022
化肥	248	250.2	250.7	255	257.8	248.2	258.3	240.7
农药	3.0	2.76	2.77	2.37	2.29	2.18	2.0	2.0
薄膜	26.89	26.62	25.26	26.98	26.27	25.97	26.15	27.9

数据来源：《中国农村统计年鉴》

森林覆盖率是衡量一个地区生态环境质量和可持续发展能力的重要指标。通过对 2005—2022 年新疆地区森林覆盖率的曲线分析，我们可以深入了解该地区在生态环境保护与恢复方面的努力成果，以及未来可能面临的挑战。森林覆盖率与绿色发展呈正向相关关系，图 4-7 可以看出，2005—2022 年间，新疆森林覆盖率呈现阶段性提升特征，从 2005 年的 2.94%增长至 2022 年的 4.87%，增幅达 65.6%。其中，在 2018 年实现显著提升至 4.87%，增幅 14.9%，这突飞猛进的增长与 2017 年出台的《生态文明体制改革总体方案》《“十三五”生态环境保护规划》等密切相关，这些政策明确了生态文明建设的总体目标、重点任务和保障措施，旨在推动形成绿色发展方式和生活方式，促进经济社会发展与环境保护相协调。

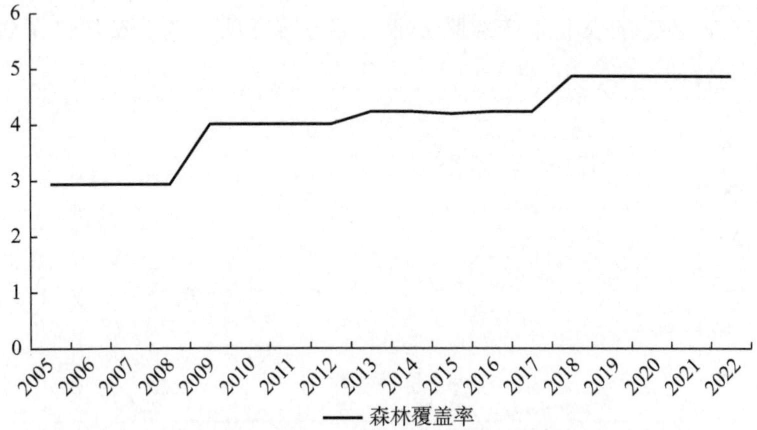

图 4-7　2005—2022 年新疆地区森林覆盖率

数据来源：《新疆统计年鉴》

近年来，新疆农业绿色发展水平不断提升，这反映出政府在推动农业经济发展的同时，也高度重视生态环境的保护和能源利用率的提升。这背后是政策实施成效的显著展现，反映出政府在推动农业绿色发展方面所付出的努力和取得的积极成果。这一举措有助于实现农业经济与生态环境的和谐共生，促进可持续发展。

4.2.4 协调发展情况

协调发展是农业高质量发展的内在要求。新疆农业在协调发展方面，注重优化农业产业结构，推动农业与二三产业的融合发展，形成农业全产业链条。农业生产性服务业为农业发展提供了更有效、更便捷的要素配置方式。经过多年发展，中国农业生产性服务业逐步贯通农业产前、产中、产后和农业产业链全过程，正朝着服务农业全产业链、支撑现代农业产业体系的方向发展。从农业生产性服务业发展水平来看，如图 4-8 所示，新疆农业生产性服务业发展水平从 2005 年的 32. 2 增长至 2022 年的 273. 4，年均增长率达 14. 3%，整体呈现加速增长态势。2017 年出现爆发式增长，增速高达 131. 6%，主要是因为 2017 年国家农业部等三部门联合发布《关于加快发展农业生产性服务业的指导意见》，提出要坚持以市场为导向、服务农业农民、创新发展方式、注重服务质量的原则，基本形成服务结构合理、专业水平较高、服务能力较强、服务行为规范、覆盖全产业链的农业生产性服务业。《指导意见》的发布促进了农业生产性服务业的快速发展。

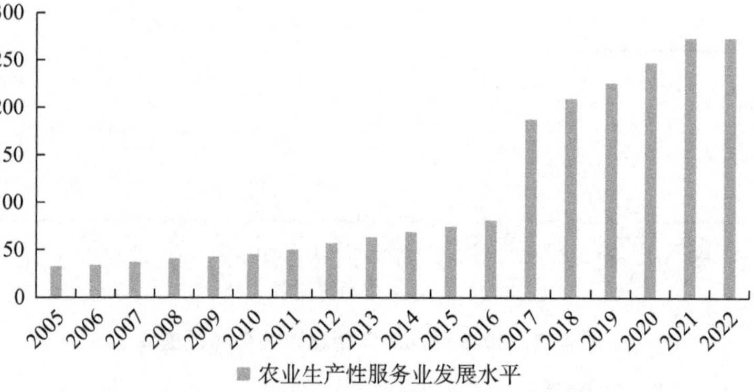

图 4-8　2005—2022 年新疆农业生产性服务业发展水平

数据来源：根据《新疆统计年鉴》计算所得

随着社会经济发展，社会矛盾转变，休闲农业备受欢迎。休闲农业的发展可以优化农业产业结构，形成产业集聚效应，推动农业经济的转型升级。如图4-9所示，新疆休闲农业发展水平从2005年的0.95波动增长至2022年的11.43，整体呈上升趋势。新疆休闲农业发展呈现阶段性特征，由早期的以传统农家乐为主转为依托特色林果业和民俗旅游的多元化发展，近年来逐渐向精品化、融合化方向升级，发展出"农业+旅游+文化"的特色发展模式，形成了葡萄酒庄园旅游等新型业态。农业产业结构的调整与农业产业协调发展呈正向相关关系，意味着随着新疆的农业产业结构正在不断优化升级，农业协调发展水平也在不断提升。

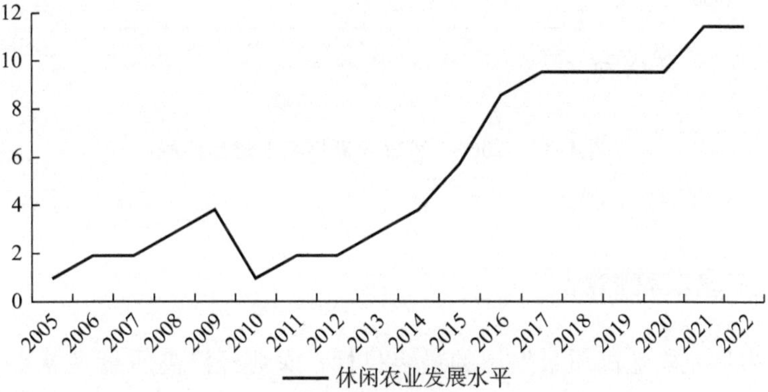

图4-9　2005—2022年新疆休闲农业发展水平

数据来源：根据《新疆统计年鉴》计算所得

4.2.5　开放发展情况

开放发展是农业高质量发展的必由之路。新疆农业在开放发展方面，积极参与国内外农业交流与合作，引进国外先进技术和管理经验，推动农业对外开放。同时，加强区域合作，推动新疆农业与周边地区的协同发展，形成开放型农业经济发展新格局。在农业领域，最能直接体现农业开放发展程度的指标是农业进出口额。

农业进出口贸易额是反映农村经济发展活力和土地资源优化配置的重要指标。农业进出口贸易额呈现上升趋势，从2005年的53239.5亿元增长至2022年的178295.1亿元，年均增长率达7.8%。"一带一路"倡议推进带来的贸易便利化，促进了农产品贸易的发展。虽然2020—2021年受疫情冲击进出口额有所下滑，但2022年又大幅回升，实现同比增长40.3%。农产品贸易的发展促进了农业的共享发展。

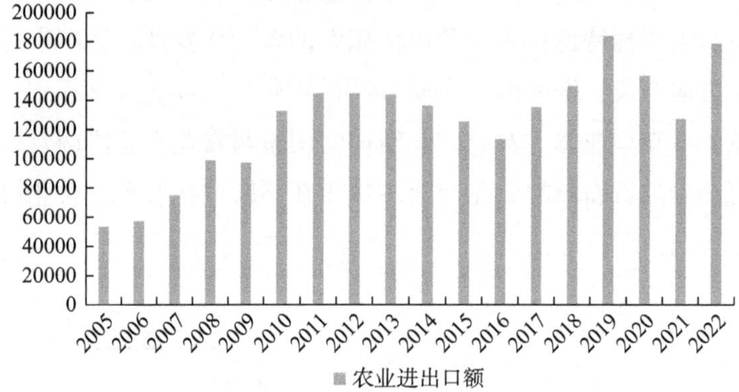

图4-10　2005—2022年新疆农业进出口额

数据来源：《新疆统计年鉴》

4.2.6　共享发展情况

共享发展是农业高质量发展的最终目标。农业经济高质量发展要注重社会公平正义问题，要注重提高农村人均可支配收入和不断完善基础设施建设。新疆农业在共享发展方面，注重保障农民权益，促进农民增收致富。通过实施农业社会化服务、农业保险等政策措施，提高农民组织化程度和市场竞争力，让农民在农业发展中共享成果。在农业领域，最能直接反映农村居民整体富裕水平的指标是农村人均可支配收入水平和农村恩格尔系数。

恩格尔系数是反映居民生活水平、消费结构和消费水平的重要指标。通过绘制和分析2005—2022年新疆地区农村恩格尔系数的曲线图，我们可以深入了解该地区农村居民的生活水平变化、消费结构演变以及经济发展趋势。恩格尔系数与共享发展呈负向相关关系，从图4-11知，在2005—2022年间呈现总体下降趋势，从2005年的0.944降至2022年的0.908，表明农村居民生活水平逐步提高，消费结构持续优化，食品支出在总支出中的比重逐渐降低，这也体现了共享发展推动效果显著。目前，新疆农村居民的生活质量持续改善，消费结构正从生存型向发展型转变，但系数仍高于城市水平，城乡消费差距依然存在，进一步缩小城乡差距仍是未来发展重点。

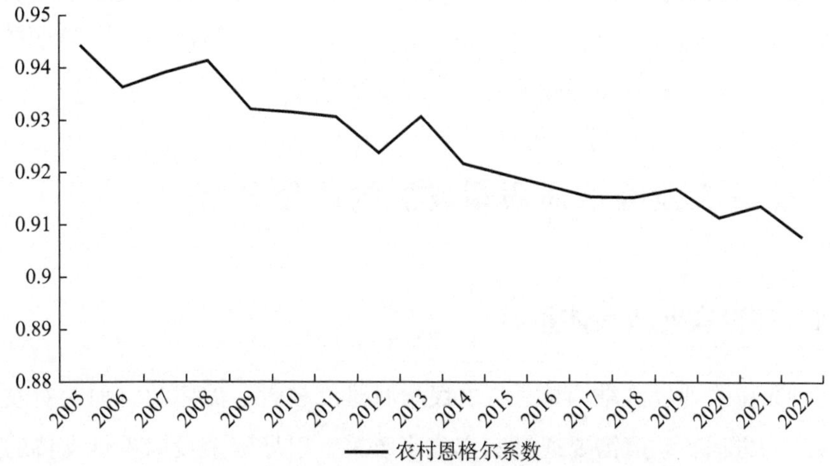

图 4-11 2005—2022 年新疆农村恩格尔系数

数据来源：根据《新疆统计年鉴》计算所得

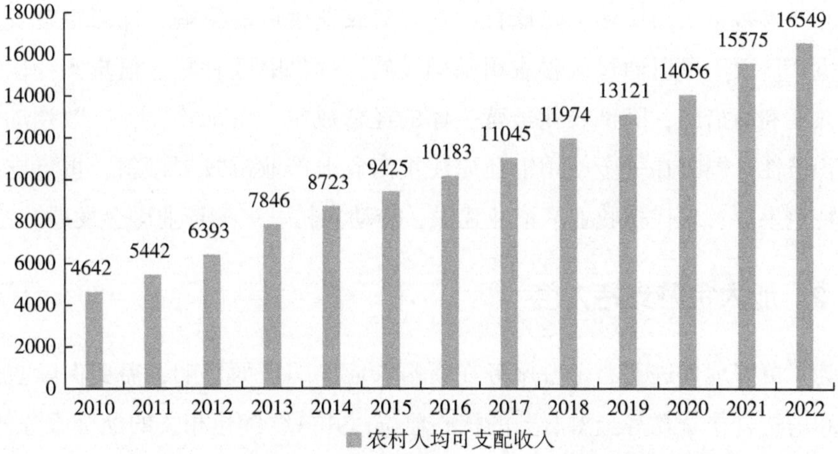

图 4-12 2010—2022 年新疆农村人均可支配收入变化

数据来源：《新疆统计年鉴》

近几年来，随着新疆农业生产发展、社会主义新农村建设的推动，新疆农民的收入逐渐提高，生活水平也是日益提升。农村居民人均可支配收入在 2010 年到 2022 年间呈现持续快速增长态势，从 2010 年的 4642 元增至 2022 年的

16549 元，累计增长 256. 7%，年均增长率达 11. 1%。脱贫攻坚战和乡村振兴的显著成效促使新疆农村居民生活质量明显改善，农业经济共享发展水平明显提升。但相比其他地区还存在一定差距，需要通过深化农村改革、发展乡村产业等措施，进一步拓宽农民增收渠道，实现乡村振兴。

4. 3 促进农业经济高质量发展的路径分析

4. 3. 1 完善农业政策体系

当前新疆农业经济结构单一、农民增收难度较大，需要政府加大对农业投入力度。一方面，政府需要通过制定优惠政策，引导资金投向重点支持的产业项目，鼓励各类社会资本投入农业领域。不断优化支农政策体系，推动农业产业结构调整与升级，加快新型工业化建设进程，促进区域内经济社会和谐稳定发展。另一方面，需要将农业作为财政保障和预算安排的重点领域，优先投入资金，改善基本农田质量，降低自然灾害对农业生产的影响，保障粮食安全与农业生产。政府可以通过改善农田基础设施、提供财政补贴、信贷支持以及市场准入便利等措施，降低农业经营主体的经营成本，增加收益，有效调动农民生产积极性。同时在资金使用上还应注重向农业产业链发展倾斜，重点支持粮食、特色果业、现代畜牧业、渔业建设，推动农村一二三产业融合发展。

4. 3. 2 加大金融支持力度

为了更好地促进普惠金融服务在新疆农业中的正面影响，需要保障政策性贷款和信贷合作贷款等金融服务的核心地位，并持续优化相关的配套服务体系。农业金融机构应该提前进行资本投资的详细规划，充分利用政策性贷款和信用合作贷款的中长期优势，适度放宽信贷限制，推出更多符合农业需求的金融贷款服务，以有效避免农业行业高成本、高风险的问题。同时还应建立起一套完善的风险防范机制，加强对农贷资金使用的管理与控制，提高农贷资金的利用效率，降低经营风险，促进农贷业务健康有序地向前发展。农业金融机构还需要对农牧业市场的需求进行深入的研究，以增加金融服务产品的多样性，并提高金融服务的质量和水平。

4.3.3　加大农业科技创新力度

首先，在品种改良方面，应重点筛选适合新疆独特气候和土壤条件的优质品种，建立品种资源库，通过现代生物技术与传统育种相结合的方式，培育抗逆性强、产量高、品质优的新品种。针对新疆特色林果业，如红枣、葡萄、哈密瓜等，要着重提升其糖度、色泽、口感等关键品质指标。其次，在技术创新方面，需要大力推广智慧农业技术，包括精准灌溉系统、水肥一体化、无人机植保等现代化农业装备的应用，实现农业生产过程的数字化、智能化管理。全面提升新疆特色农产品的内在品质和市场竞争力，为打造区域特色农产品品牌奠定坚实基础。

4.3.4　调整农业产业结构

要充分发挥地方资源优势和产业特色，推动一二三产业联动发展，打造现代化农业产业格局。一方面，要着力培育特色种植、生态养殖等现代农业业态，加强农产品精深加工技术研发，完善产业链条，提升产品附加值，实现农业资源的高效转化和产业价值的最大化释放。另一方面，要积极发展乡村休闲旅游、智慧农业、精品民宿、健康养生等新兴业态。通过构建多元化的现代农业产业体系，不仅能有效提升农产品市场竞争力，更能开辟农民就业增收新途径，最终达成产业提质、农民致富、乡村振兴的协同发展目标。

4.4　本章小结

本章从创新发展、绿色发展、协调发展、开放发展、共享发展 5 个维度出发，建构了农业经济高质量发展的指标体系。选取新疆作为典型案例，利用指标体系和关键数据分析了当前新疆农业经济高质量发展的现状，并基于此，提出了完善农业政策体系、加大金融支持力度、加大农业科技创新力度、调整农业产业结构等促进农业经济高质量发展的路径，以期为促进农业全面进步、实现农民持续增收提供理论支持。

5 乡村振兴背景下农业产业高质量发展研究

党的十九大报告指出，农业、农村、农民问题是关系国计民生的根本性问题，必须始终把解决好“三农”问题作为全党工作的重中之重，实施乡村振兴战略。党的二十大描绘了推进中华民族伟大复兴的宏伟蓝图，认为当前最艰巨最繁重的任务仍然在农村。做好今后一个时期的“三农”工作，依然要坚持农业农村优先发展，把握机遇，发展农村经济，推动产业振兴。作为边疆地区来说亦是如此。《新疆维吾尔自治区乡村振兴战略规划（2018—2022 年）》明确指出，农业农村的现代化是实现新疆的现代化的重要基础，解决好“三农”问题对新疆未来发展具有重要意义。

新疆全面推进乡村振兴面临着诸多挑战。近年来国家政策的支持和新疆自身的努力，大幅提升了新疆的农村经济，但新疆乡村振兴发展水平北疆高于南疆，且发展水平差距较大。新疆作为中国西部的重点地区，整体经济发展缓慢，从而影响人均收入水平，是国家推进乡村振兴战略的主战场之一。因此，以乡村振兴为背景，针对新疆农业产业发展进行研究，具有十分重要的现实意义。

本章从新疆农业产业发展现状以及相关案例入手，通过构建农业产业高质量发展评价指标体系对当前新疆农业产业发展现状进行分析，研究新疆农业产业发展的困境及其成因，探讨适合新疆农业产业发展的具体可行的路径和方法，为我国其他地区发展农业产业提供借鉴和参考。

5.1　相关概念界定

5.1.1　产业与特色产业

产业包含多个层次，如第一产业主要指农业，第二产业主要指工业，第三产业则包括流通和服务等多个层面。产业的特点体现在规模性、职业化和社会功能性上。产业不在于多，而在于精和特，它是经济社会物质生产部门的基础组成单元。特色产业的要义在于“特”，是一个地区在发展过程中形成的具有独特优势的产业，能够在因地制宜的基础上，促进经济的发展，种类没有局限性。产业与特色产业的主要区别在于其独特性和竞争优势。特色产业强调的是区域内独有的、具有竞争力的产业，它的形成往往离不开政府的支持和市场的内生动力。产业园区与特色小镇在发展特色产业方面存在区别，特色小镇强调的是特色产业与城镇化的结合，而产业园区则更多地作为发展工具和空间载体。

产业作为经济社会的基础构成单元，具有普遍性和广泛性；而特色产业则是在特定地区、特定环境中形成的具有显著地域特色和竞争力的产业。特色产业的核心在于“特”，即独特的资源、文化、技术等方面的优势，这些优势使得特色产业在市场上具有不可替代的地位。特色产业是产业的一部分，但具有更加鲜明的特色和更高的竞争力。

5.1.2　农业特色产业

农业特色产业是指立足于某一地区的独特自然资源、文化传统、地理位置等因素，能够带动农民增收致富的产业。这类产业通常以本地资源为基础，具有鲜明的地域特色，能够形成独特的产业优势和品牌效应，带动相关产业的发展，形成产业聚集效应。农业特色产业注重科技创新和品牌建设，通过提高产品附加值和市场竞争力，实现产业升级和转型，最终目标是实现农民增收致富，提高农民生活水平，具有显著的惠民效应。农业特色产业具有地域性、多样性、市场导向性、创新性与可持续性的特点，要想发展农业特色产业，必须因地制宜。根据各地的实际情况，充分利用和挖掘当地的资源优势和文化遗产，发展符合当地实际的特色产业。依靠科技支撑。加强科技创新，提高产业的技术含量，通过技术进步来提升产品质量和附加值。同时加强品牌建设。加大品牌建设和宣传力度，塑造特色产业品牌形象，提升产品的市场知名度和影响力。加强整合资源。通过整合各方资源，包括资金、技术、市场等，形成发展合力，推动特色产业快速发展。依靠政策扶持。政府应出台相应的政策措施，提供必要的支持和指导，加大对乡村特色产业的投入和扶持。

农业特色产业是一种能够带动地区经济发展、促进农民增收、具有地域特色和市场竞争力的产业。发展此类产业需要综合考虑地区资源、文化特色、市场需求等多重因素，并通过科技创新、品牌建设、资源整合等策略来推动产业的高质量发展。政府在此过程中承担着重要的角色，需要通过政策引导和支持，为乡村特色产业的发展营造良好的环境和条件。

5.1.3 发展农业特色产业的意义

（1）推动我国经济水平高质量发展

现如今，我国大部分乡村的产业发展都较为落后，虽然已经实现了全面脱贫，但各地区产业的发展都受到各种因素的制约，新疆也是同样情况，在新疆乡村经济发展的过程中，仍有较多因素影响限制了新疆部分农业领域的进一步发展。所以，为了新疆经济发展，从研究新疆农村产业入手，进而推动中国经济水平进步，具有重要意义。

（2）有利于全面推进乡村振兴战略

农民、农业、农村的发展都与农业产业发展息息相关，而发展特色产业就是为了提升农业产业发展的质量与水平，以此促进农民增收与致富，因此特色产业发展是乡村振兴的必然要求。特色产业是具有当地特色和能够带动地区经济发展的产业。发展特色产业不仅可以丰富经济形态，而且还可以延长产业链，提高产品附加值，增加农民的收入。此外，不同形式的乡村振兴举措可以相互借鉴，共同进步，最终实现各个地区共同发展。

特色产业发展是乡村振兴的基础和关键。马斯洛需求层次理论指出，人类的需求是从最基本的生理需求逐渐发展到更高层次的精神和社交需求的。发展特色产业，可以增加人们的收入，帮助人们实现最基础的物质需求，进而在此基础上追求高层次的生活质量水平。发展特色产业对县域乃至省域经济具有显著的推动作用。随着特色产业规模的不断壮大和质量的持续提高，将有效拉动经济的快速增长。此外，特色产业的发展还会吸引更多的青年和大学生返乡创业，为县域经济发展注入新活力，提供宝贵的人力资源和技术支持。同时，特色产业也是基层政府增加财政收入的重要途径。财政收入的增加将进一步推动当地基础设施建设和公共服务体系的完善，提升人民的生活质量和幸福感。这不仅有助于缩小城乡差距，实现区域经济的协调发展，而且还能增强人民的获得感和满足感。

（3）有利于加快实现共同富裕

我国城乡发展不平衡问题突出，引发了财富分配不均、社会不公平等问题，这些都阻碍了共同富裕的实现。研究新疆农村特色富民产业，有利于促进新疆乡村地区的经济发展，激发新疆农业产业创新和活力，从而创造更多的就业机会和财富，并为中国其他乡村经济发展提供借鉴，从而缓解城乡发展不平衡的问题，促进共同富裕。

5.2　新疆农业产业高质量发展的现状分析

5.2.1　新疆产业发展概况

2021年新疆地区生产总值（GDP）达15983.65亿元，比上年增长7.0%，人均地区生产总值61725元，比上年增长6.3%，总趋势处于上升状态。

如图5-1、图5-2所示，新疆地区生产总值呈逐年上升趋势。同时也暴露出了新疆地区一二三产业发展不均衡的问题，第三产业增加值的占比常年超过一、二产业，为生产总值比重的一半。近年呈现一、二产业增加值不断增长，第三产业增加值的占比在减少的趋势。总体来看，三个产业的生产总值都在不断提高，二、三产业的增长更具活力。

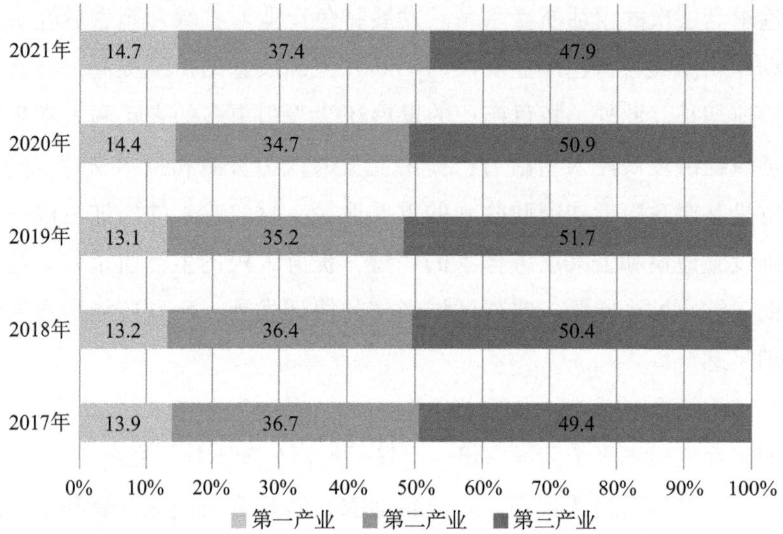

图 5-1　2017—2021 年三产业增加值占新疆地区生产总值比重

数据来源：《新疆维吾尔自治区 2021 年国民经济和社会发展统计公报》

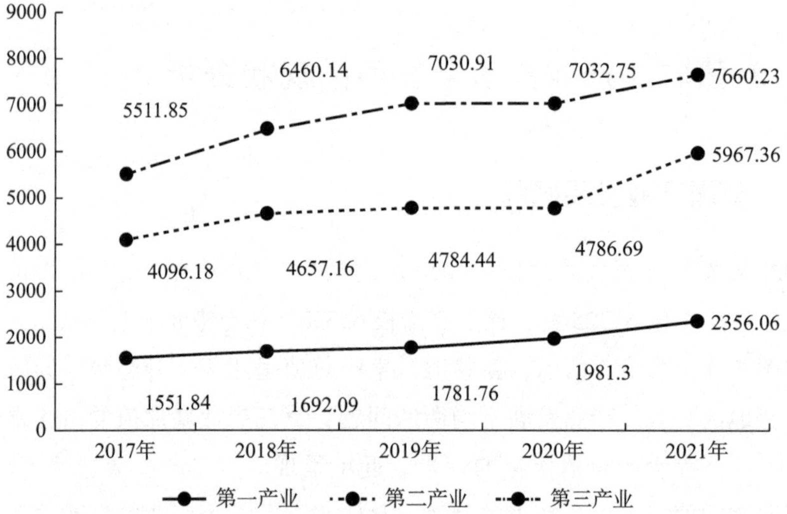

图 5-2　2017—2021 年新疆地区三次产业增长趋势（单位：亿元）

数据来源：新疆维吾尔自治区统计局

5.2.2　新疆乡村振兴实施情况

自治区政府紧密结合新疆的具体情况，遵循产业兴旺、生态宜居、乡风文明、治理有效、生活富裕的总要求，对全区实行乡村振兴战略，作出全面部署。

一是，产业振兴方面。乡村要振兴，产业必须强。这方面，涌现出许许多多的典型。叶城县果有缘园艺有限公司采取“企业+基地+农户”的模式，依托改造升级保鲜库制冷设备、建设400亩高标准果园示范基地和加工车间，提高蔬菜规模化、标准化种植水平，实施脱水加工实现蔬菜产业增值。公司发展保鲜、冷链物流业务，储存反季节苹果、胡萝卜等果蔬3000吨。截至2023年末，公司国有资产总额达到9361万元，较2019年改制前增加5711万元，增长156%。阿勒泰地区注重扶优扶强，连续多年集中扶贫资金、欠发达农场衔接资金支持国营第二牧场发展产业，地区配套近亿元，建设活畜交易市场，该市场现已成为北疆最大的活畜交易市场。活畜交易从2021年的40万头（只），增长至2023年的72万头（只），增长80%。极大地推动了企业的稳健发展。

二是，人才振兴方面。“人才是乡村振兴的核心力量”，近些年新疆地区积极引进高素质人才、扩建高校、增加招生人数，为该地区的经济发展提供人才支持。

表5-1　2012—2022年新疆总人口和高校毕业人数

年份	新疆总人口（万人）	新疆高校毕业生人数（万人）
2012	2253	6.8355
2013	2264	7.6966
2014	2298	7.2267
2015	2385	7.5742
2016	2428	7.9907
2017	2445	8.7102
2018	2520	9.1206
2019	2559	9.5000
2020	2590.5	14.4600
2021	2589	11.1530
2022	2587	14.5000

数据来源：根据2012—2022年《中国人口和就业统计年鉴》“中国新闻网”“天山网”整理所得

从表 5-1 可以看出自 2012 年以来新疆总人口整体上呈现增加的趋势，从 2012 年的 2253 万人增加到 2022 年的 2587 万人，共增长 334 万人，其中在 2020 年达到最高值为 2590.5 万人。新疆高校毕业生人数从 2012 年的 6.8355 万人增加到 2022 年的 14.5000 万人，共增长 7.6645 万人，其中在 2020 年和 2022 年出现井喷式增长，2022 年的高校毕业生较 2021 年同比增长 30%，极大程度上提升了本地区人口的文化知识水平。

三是，文化振兴方面。乡村文化是乡村振兴的灵魂所在，在文化振兴方面新疆一直在路上。该地区一方面注重乡村优秀文化的挖掘和传承，另一方面也积极推动乡村文化的创新。如塔城地区裕民县江格斯乡切格尔村充分利用基层文化阵地，举办“民族团结一家亲”联谊活动、读党报等。此外，该村成立了 6 支文艺小分队，包括相声表演队、豫剧表演队、模特队、歌舞队等，并邀请县文工团演员给大家现场指导，极大丰富了村民的精神文化生活。

四是，生态振兴方面。新疆在生态建设方面，始终坚守“绿水青山就是金山银山”的发展观念，做到生态和经济两手抓，协调发展。8 年前，青山还是博尔塔拉蒙古自治州博乐市的一处生态“疮疤”。最初这里垃圾成山，每到汛期，垃圾被冲入博尔塔拉河，造成水质污染，给人民群众的生产生活带来了很大的负面影响。为从根源上解决这一问题，政府在这里投资建设了万亩生态园，主要选择栽种适应性强、具有观赏价值的海棠树。经过 8 年的不懈努力，博乐市成功种植人工林 1.74 万亩，其中香妃海棠的种植面积高达 1 万亩。现在，这片万亩海棠园已经成为博乐市人民休闲和游玩的热门场所，形成“春赏花、夏赏果、秋有叶、冬看雪”的美景。此外，新疆已设立 28 个自治区级以上的自然保护区，涵盖了野生动植物、湿地、荒漠等各种生态系统类型，覆盖了全疆 10.8%的面积，这些举措有效地保护了野生动植物，维护了生物的多样性。

5.2.3 新疆农业产业发展情况

（1）特色林果业发展情况

新疆地处亚欧大陆中心区域，气候环境独特，昼夜温差大，具有充足的水资源和光照资源，为新疆地区的林果生长提供良好的生存和生长环境。新疆的特色林果产业主要由苹果产业、香梨产业、葡萄产业等产业构成。

表 5-2　2012—2022 年新疆主要种植水果种类及种植面积

年份	苹果园面积(千公顷)	梨园面积(千公顷)	葡萄园面积(千公顷)
2012	83. 92	70. 23	143. 32
2013	54. 97	69. 91	144. 75
2014	58. 27	65. 91	149. 14
2015	63. 57	70. 27	150. 25
2016	64. 31	63. 11	135. 10
2017	71. 09	62. 79	133. 68
2018	79. 91	68. 29	142. 89
2019	83. 84	68. 30	140. 62
2020	69. 33	71. 29	123. 37
2021	82. 07	71. 29	118. 34
2022	87. 11	68. 42	121. 03

数据来源：根据国家统计局公开数据整理所得

从表 5-2 可以看出，2022 年新疆地区苹果种植面积为 87. 11 千公顷，比 2021 年增加了 5. 04 千公顷，同比增长 6. 14%；梨园种植面积为 68. 42 千公顷，比 2021 年减少了 2. 87 千公顷，葡萄种植面积为 121. 03 千公顷，比 2021 年增加了 2. 69 千公顷，同比增长 2. 27%。

从图 5-3 可以看出，从 2012 年至 2022 年，新疆地区的葡萄种植面积远超苹果和香梨的种植面积，且在 2015 年达到最高值为 150. 25 千公顷，在 2021 年达到最低值为 118. 34 千公顷，极差为 31. 91 千公顷；从 2012 年至 2022 年，新疆地区的苹果种植面积和香梨种植面积整体上差距不是很明显，其中苹果种植面积在 2022 年达到最高值为 87. 11 千公顷，在 2013 年达到最低值为 54. 97 千公顷，极差为 32. 14 千公顷；梨园种植面积在 2020 年和 2021 年达到最高值均为 71. 29 千公顷，在 2017 年达到最低值为 62. 79 千公顷，极差为 8. 5 千公顷。

如图 5-4 所示，新疆乡村特色产业还积极发展特色林果业，其中包括园林水果、坚果、果用瓜。此外，新疆还积极发展水产业，包括养殖水产品和捕捞水产品两大类，2021 年，这些产业的产量比上年都有不同程度的增产。

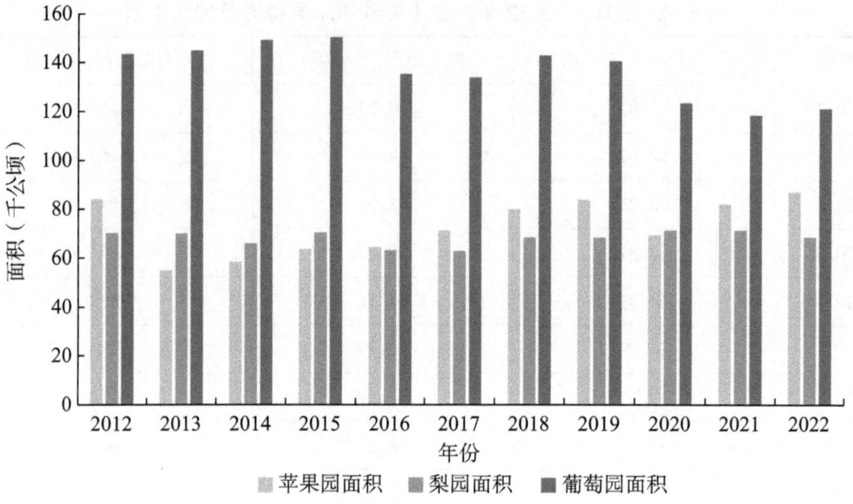

图 5-3　新疆各类果业种植面积

数据来源：根据国家统计局公开数据整理所得

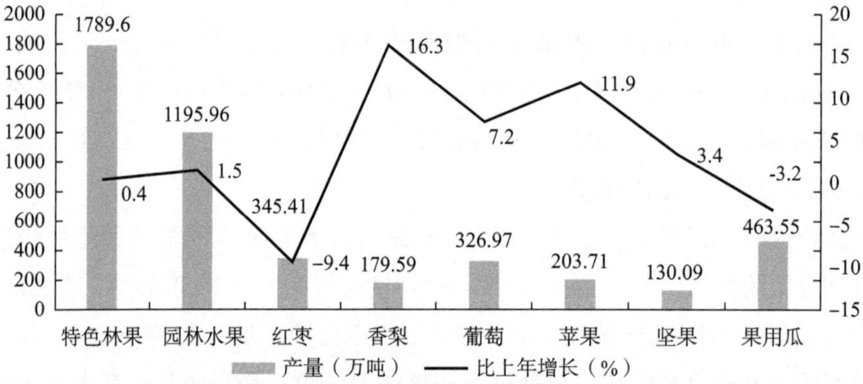

图 5-4　2021 年全区特色林果产量（万吨）及其增长速度

数据来源：新疆维吾尔自治区统计局

2023 年特色林果总产量 1877. 77 万吨，比上年增产 3. 4%。其中：园林水果产量 1248. 96 万吨，增产 3. 0%；果用瓜产量 484. 29 万吨，比上年增产 5. 3%。

表 5-3　2023 年新疆林果产量

指标	产量（万吨）	比上年增长（%）
特色林果	1877. 77	3. 4
园林水果	1248. 96	3. 0
红枣	326. 66	-3. 3
香梨	152. 44	11. 1
葡萄	347. 66	9. 9
苹果	215. 96	1. 0
坚果	144. 52	1. 1
果用瓜	484. 29	5. 3

数据来源：《新疆维吾尔自治区 2023 年国民经济和社会发展统计公报》

（2）粮食及棉花产业发展情况

图 5-5 为新疆 2011—2023 年粮食和棉花的产量情况。数据显示，从 2018 到 2023 年，粮食连续 6 年增产，并在 2023 年总产量首次突破 2000 万吨，再创历史新高。在粮食作物方面，新疆的冬小麦和玉米产量创下了全国大面积高产纪录。这得益于新疆独特的地理环境和气候条件，以及农业科技的进步。此外，新疆是世界上少有的优质小麦产区之一。全年粮食种植面积 2824. 77 千公顷，比上年增加 390. 87 千公顷。油料种植面积 138. 14 千公顷，增加 21. 32 千公顷。

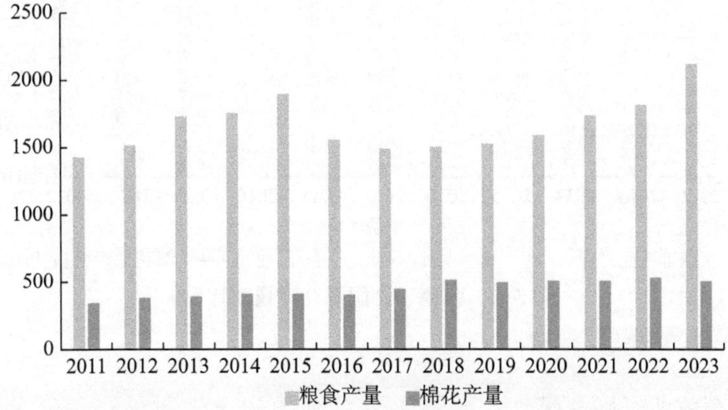

图 5-5　2011—2023 年新疆粮食、棉花产量

数据来源：国家统计局

甜菜种植面积 61. 55 千公顷，增加 8. 15 千公顷。油料产量 43. 32 万吨，增产 16. 3%。甜菜产量 499. 63 万吨，增产 25. 2%。新疆乌鲁木齐市米东区、察布查尔锡伯自治县和温宿县是新疆有名的水稻产区，这些地方的大米品质优良，深受消费者喜爱。

作为中国最大的棉花产区，新疆的棉花产量占据了全国的重要份额。新疆兵团的棉花尤为突出，为中国的纺织服装产业提供了坚实的支撑。2022 全年棉花产量 539. 06 万吨，比上年增产 5. 1%。油料产量 37. 23 万吨，增产 7. 6%。甜菜产量 399. 14 万吨，增产 15. 2%。棉花产量在 2018—2023 年这 6 年间均达到 500 万吨以上，全区农业大丰收，新疆为保障国家粮食安全作出重大贡献。

从图 5-6 可以看出，在 2016 年之前，新疆棉花产量占全国棉花产量比重最高达到 70%左右；2016 年之后，新疆棉花产量逐年上升，最高产量达到 539. 37 万吨，占全国棉花产量比重的 90%。

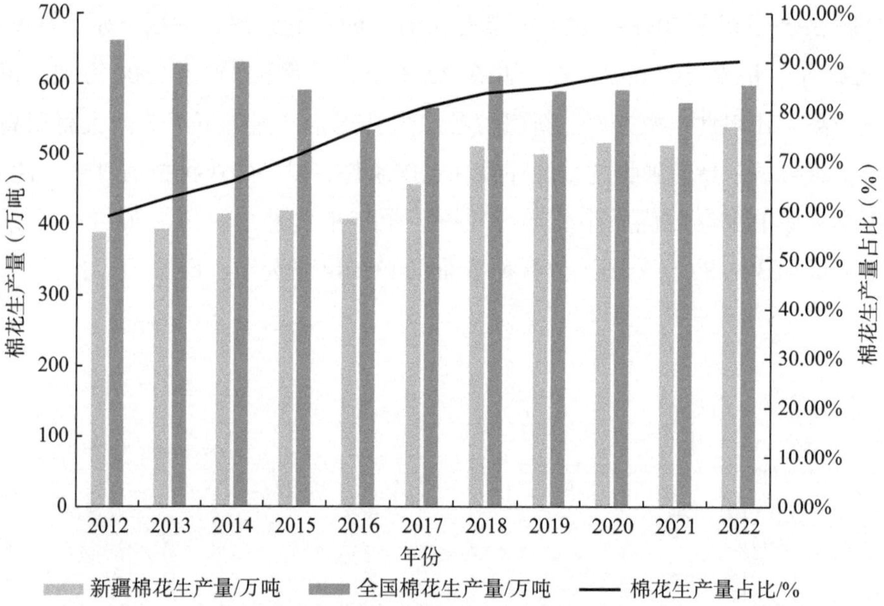

图 5-6　新疆、全国棉花产量对比图

数据来源：国家统计局

（3）畜牧业发展情况

新疆拥有广阔的草原和丰富的动植物资源，是我国重要的畜牧业产区，畜牧业是当地农民的主要收入来源。近年来，新疆地区农林牧渔业的生产总值不断扩大，从2012年的2355.35亿元到2022年的5469.04亿元，增长了2.32倍，其中畜牧业产值从2012年的514.90亿元到2022年的1365.28亿元，增长了2.65倍。从2012—2022年，畜牧业产值占总产值的比重一直在21.86%~25%之间，占比最低为21.86%，占比最高为24.96%。

总的来看，新疆地区的总产值与畜牧业产值在变化趋势上呈现出一致性，即两者都呈现上升趋势。但是在某些年份，畜牧业占比却出现了下降的趋势，如在2015年、2016年、2017年、2018年占比有所下降，但下降幅度不是很大。

表5-4 2012—2022年新疆畜牧业产值占总产值的比重

年份	总产值（亿元）	畜牧业产值（亿元）	畜牧业产值占比（%）
2012	2355.35	514.90	21.86
2013	2648.00	647.30	24.44
2014	2881.48	704.55	24.45
2015	2968.39	709.67	23.90
2016	3165.92	720.71	22.76
2017	3326.59	748.53	22.50
2018	3637.79	796.42	21.89
2019	3850.65	915.27	23.76
2020	4315.61	1038.08	24.05
2021	5143.12	1265.69	24.60
2022	5469.04	1365.28	24.96

数据来源：根据2012—2022年《中国统计年鉴》整理所得

表5-5 2005—2020年新疆国有农林牧渔场就业人数及占比

年份	国有农林牧渔场就业数（人）	畜牧业就业数（人）	畜牧业就业数占比（%）
2005	736226	249328	33.86
2006	740076	240673	32.52
2007	739707	248354	33.57
2008	749118	249530	33.30
2009	756597	249717	33.00

续表

年份	国有农林牧渔场就业数（人）	畜牧业就业数（人）	畜牧业就业数占比（%）
2010	768773	252044	32.78
2011	783833	257247	32.81
2012	764847	254847	33.31
2013	739828	256553	34.67
2014	687475	270703	39.37
2015	699139	279787	40.01
2016	599787	280128	46.70
2017	598706	274443	45.83
2018	641209	258133	40.25
2019	590171	234809	39.78
2020	538637	225489	41.86

数据来源：《新疆统计年鉴》

从表 5-5 可以看出，在 2005 年至 2020 年期间国有农林牧渔场就业人员数在 2011 年达到最高值为 783833 人，在 2020 年达到最低值为 538637 人；畜牧业就业人员数在 2016 年达到最高值为 280128 人，在 2020 年达到最低值为 225489 人。畜牧业就业人数占比在 2005 年至 2009 年之间呈现小幅变化，变化差值最大为 1.34%，从 2009 年至 2016 年畜牧业就业人数占比呈稳步上升的趋势，从 2016 年至 2020 年畜牧业就业人数占比虽有所下降，但均保持在 39%以上，较 2005 年至 2009 年比重有所上升。整体来看，畜牧业就业人数占比显示增长的趋势，对新疆地区 GDP 的贡献度也很高。

表 5-6　2007—2022 年新疆牛羊肉产量和全国牛羊肉产量

年份	肉类总产量（万吨）		猪肉（万吨）		牛肉（万吨）		羊肉（万吨）	
	全国	新疆	全国	新疆	全国	新疆	全国	新疆
2007	5319.75	109.54	4307.85	17.55	626.22	31.44	385.68	60.55
2008	5692.94	100.68	4682.02	22.29	617.68	32.42	393.24	45.97
2009	5958.46	99.71	4932.85	22.03	626.18	33.88	399.43	43.80

续表

年份	肉类总产量（万吨）		猪肉（万吨）		牛肉（万吨）		羊肉（万吨）	
	全国	新疆	全国	新疆	全国	新疆	全国	新疆
2010	6173. 52	105. 47	5138. 44	23. 05	629. 07	35. 47	406. 02	46. 95
2011	6140. 32	102. 70	5131. 65	29. 80	610. 71	33. 76	397. 96	46. 44
2012	6462. 79	114. 32	5443. 55	30. 15	614. 75	36. 16	404. 50	48. 01
2013	6641. 59	118. 86	5618. 60	31. 33	613. 09	37. 82	409. 90	49. 71
2014	6864. 16	126. 62	5820. 80	33. 86	615. 72	39. 16	427. 63	53. 61
2015	6702. 65	128. 96	5645. 41	33. 08	616. 89	40. 45	439. 93	55. 43
2016	6502. 65	134. 70	5425. 49	33. 90	616. 91	42. 48	460. 25	58. 32
2017	6557. 49	137. 08	5451. 80	35. 80	634. 62	43. 04	471. 07	58. 24
2018	6522. 87	139. 45	5403. 74	38. 10	644. 06	41. 97	475. 07	59. 38
2019	5410. 11	142. 47	4255. 31	37. 62	667. 28	44. 52	487. 52	60. 32
2020	5278. 09	138. 48	4113. 33	37. 51	672. 45	43. 99	492. 31	56. 98
2021	6507. 52	158. 79	5295. 93	49. 85	697. 51	48. 50	514. 08	60. 44
2022	6784. 23	167. 10	5541. 43	57. 01	718. 26	49. 37	524. 53	60. 72

数据来源：《新疆统计年鉴》

从表 5-6 可以看出，新疆的肉类总产量占全国肉类总产量的比重较平稳，略显上升趋势。牛羊肉的产量占比显著超过猪肉产量占比，其中占比最高的是羊肉产量，牛肉产量占比次之，猪肉产量最低。显示出新疆地区在肉类生产中以牛羊肉生产为主。

表 5-7　2023 年主要年份畜产品产量

项目	产量（万吨）	同比变化
全年猪牛羊禽肉产量	208. 95	+9. 4%
猪肉产量	64. 39	+12. 9%
牛肉产量	58. 38	+18. 2%
羊肉产量	62. 78	+3. 4%
禽肉产量	23.　40	-1. 8%
禽蛋产量	39. 86	+4. 3%

续表

项目	产量（万吨）	同比变化
牛奶产量	232.83	+4.6%

数据来源：《新疆维吾尔自治区2023年国民经济和社会发展统计公报》

新疆2023年畜牧业产量大幅增加（见表5-7），其中猪牛羊禽肉总产量达208.95万吨，同比增长9.4%，显著高于全国平均水平。其中，猪肉产量大幅增长，增长率达12.9%；牛奶产量同比增长4.6%；牛肉产量同比增长18.2%；羊肉产量同比增长3.4%。这些产业的发展为新疆的经济发展作出了重要贡献。

为了支持农业产业的发展，新疆在农业科技方面的投入不断增加，新技术、新品种的引入和推广，有助于提高农产品的产量和品质。截至2022年底，全区高标准农田建设取得显著成效，累计建成面积逾3600万亩，占耕地总面积比重超四成。农业生产机械化进程加速推进，主要农作物综合机械化率攀升至85.5%，其中小麦、玉米两大主粮作物耕种收综合机械化水平分别跃升至98.9%和89.7%，位居全国前列。在现代农业建设方面，已基本构建起产业体系、生产体系、经营体系“三位一体”协同发展格局，农业质量效益明显提升。

新疆立足现代农业高质量发展新格局，系统推进“四位一体”产业体系建设——以粮经饲统筹构建种植新体系，以农林牧渔并举打造大农业生态，以产加销贯通实现全链条升级，以农文旅融合培育新业态集群，全面激活农村三产融合新动能。截至2024年末，全疆已构建形成“国家级-自治区级-基层单位”三级产业载体矩阵，包括12个国家级现代农业产业园、40个自治区级现代农业产业园及48个农业产业强镇，其中十亿级产业强镇与亿元村分别增至6个和12个，构建起“以产兴城、以镇带村、城乡联动”的新型城乡关系，产业振兴与新型城镇化形成良性互促格局。

（4）新疆农业特色富民产业典型案例分析

新疆尼勒克县地处中天山西段，伊犁州东北腹地，属大陆性北温带气候，夏季无酷暑，冬季无严寒，日照时间长，光能资源丰富，昼夜温差较大，降水丰富，土地水气光热充足，无霜期短。其特色产业有旱田小麦、天山马鹿茸、黑蜂蜂蜜和三文鱼，其中最具特色的产业为三文鱼产业。

2014 年，新疆天蕴有机农业有限公司落户于喀拉苏乡。2016 年底，第一批成品鱼上市。到 2019 年，公司销售额就超过了一亿元。2021 年，该公司建设了新的养殖基地。2022 年，公司开始出口产品，并得到了很好的市场反响。2023 年的前半年，该公司就已经实现了净利润超过一个亿。该企业发展的农业特色富民产业为新疆农村经济的发展带来了新思路，并得到了国家的大力支持。

该产业首先依据援疆政策，形成了产业发展的竞争优势。其次成立共赢合作社，帮助当地村民增收致富，同时带动当地就业。发挥了品牌效应，提升了品牌知名度。以科技为支撑，发展绿色科学产业。在养殖水域上下游安装了水质监测设备，确保水源干净、鱼儿健康，积极布局绿色生态网箱养殖，养殖过程中产生的残渣废物全部实现回收再利用，开发盐碱地渔农综合利用模式，增加养殖区域的生态多样性，逐步改善盐碱地环境。完善、延长高水平布局产业链，融合发展三文鱼一二三产业，提高渔业发展综合效益。同时，伊犁州大力发展旅游业，并以三文鱼产业为主，发展渔业旅游文化，推动渔文旅产业经济。新疆尼勒克县在发展渔业的同时，做好水资源规划利用，通过发展绿色养殖，实现环境保护与渔业开发协同并进。

5.2.4 新疆农业产业高质量发展指标体系的构建及测度

（1）农业产业高质量发展水平指标体系构建

遵从指标选取的科学性、可得性及可比性原则，采用生产能力、生产条件、产业升级三个维度下的六个指标来评价新疆农业产业高质量发展水平。用粮食作物生产能力、劳动生产率和每公顷农林机械总动力反映生产能力，每公顷粮食产量越高，劳动生产率越高，每公顷农林机械总动力越大，生产能力则越强。在表示生产条件时，运用农业机械化水平和农用化肥施用强度，机械化水平越高，化肥施用强度越高，生产条件则越好。对于产业升级维度下指标的选取，用产业结构和第一产业产值占比来反映，若两者比例上升说明新疆农业产业结构趋势合理化。指标体系如表 5-8 所示：

表 5-8 农业产业高质量发展水平指标体系

维度	指标	指标计算	计量单位	属性
生产能力	粮食作物生产能力	粮食产量/粮食播种面积	万吨/千公顷	+
	劳动生产率	第一产业增加值/农村人口数	万元/人	+
	每公顷农林机械总动力	农业机械总动力/农作物总播种面积	千瓦/公顷	+
生产条件	农业机械化水平	农村机械化总动力/农村人口数	千瓦/人	+
	农用化肥施用强度	农用化肥施用量/农作物总播种面积	吨/公顷	+
产业升级	产业结构	第三产业增加值/第二产业增加值	%	+
	第一产业产值占比	第一产业增加值/地区生产总值	%	+

（2）农业产业高质量发展水平测度方法

首先，根据表 1 中的指标体系，本研究选取数据皆为正向指标。在测度方法的选择上，熵值法较为客观，在一定程度上可以避免不必要的误差，所得数据较为科学、准确。利用熵值法计算综合得分的具体步骤如下：

第一步，指标统一化。

正向指标：$S_{ij} = \dfrac{Y_{ij} - \min(_{Y_j})}{\max(_{Y_j}) - \min(_{Y_j})} + 1$

S 为各指标的标准化值，Y 为各指标的实际值，i 表示年份，j 表示指标，max 和 min 分别表示基期年第 j 个指标的最大值和最小值。标准化处理后各个指标取值结余 1~2 之间。

第二步，计算各项指标所占比重。

$$P_{ij} = \frac{S_{ij}}{\sum_{i=1}^{n} S_{ij}}$$

其中，P_{ij} 表示第 i 年第 j 个指标所占比重。

第三步，计算各项指标熵值。

$$E_j = -\frac{1}{\ln n}\sum_{i=1}^{n} P_{ij}\ln(P_{ij})$$

第四步，计算每个指标差异系数。

$$D_j = 1 - E_j$$

第五步，计算各项指标权重。

$$W_j = \frac{D_j}{\sum_{j=1}^{k} D_j}$$

第六步，计算综合得分。

$$Rural_i = \sum_{j=1}^{k} W_j S_{ij}$$

（3）农业产业高质量发展水平测度结果

根据熵值法计算的新疆农业产业高质量发展综合指数结果如下表5-9：

表5-9　2011—2023年新疆农业产业高质量发展综合指数

年份	2011	2012	2013	2014	2015	2016	2017	2018	2019	2020	2021	2022	2023
发展指数	0.96	1.04	1.23	1.3	1.43	1.18	1.22	1.29	1.34	1.39	1.39	1.42	1.44

由表5-9可以看出，新疆农业产业高质量发展综合指数在2011年为0.96，到2023年增长至1.44，整体呈现上升趋势。表明在这13年间新疆农业产业的发展质量在不断提高。在2011—2015年，综合指数从0.96增长到1.43，增长幅度较大，显示出这一时期新疆农业产业高质量发展取得了显著进步。在2016年综合指数出现了一次明显的下降，这可能与当年的经济、社会或环境因素有关。从2017年开始，综合指数再次呈现上升趋势，到2023年达到1.44，显示出新疆农业产业高质量发展水平的持续提升。

5.3　乡村振兴背景下农业产业发展中存在的问题

5.3.1　产业结构不均衡

在新疆乡村振兴的进程中，农业产业发展面临产业结构不均衡的挑战，主要表现为部分地区乡村特色产业同质化明显、差异化竞争不足等问题，制约了乡村经济的健康发展。首先，从新疆各产业生产总值来看，一二三产业发展失衡，第三产业增加值占比显著高于第一、二产业。从区域差异来看，南北疆经济发展差距较大，北疆的生产总值水平明显高于南疆。其次，由于产业发展过度依赖相似资源，导致部分地区乡村特色产业同质化现象突出，产业布局过于集中于单一产品或服务领域。这不仅造成资源浪费，还削弱了市场竞争力，难以吸引多元化消费群体。差异化竞争的缺失使得部分特色产业陷入同质化竞争，甚至引发恶性竞争，扰乱市场秩序。这种产业结构不合理现象不仅阻碍了农业产业的可持续发展，也对农村经济的长期稳定运行产生了负面影响。

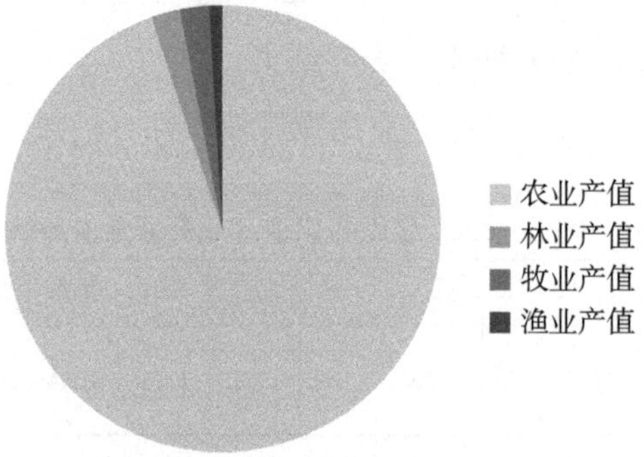

图 5-7　2021 年新疆地区农、林、牧、渔业总产值占比情况

数据来源：新疆维吾尔自治区统计局

如图 5-7 所示，2021 年新疆地区的农、林、牧、渔业总产值中农业产值明显高于其他三项产值，说明 2021 年的新疆地区虽致力于农业产业发展，但主要侧重于农业经济方面，这可能造成产业发展趋同，同时新疆农业产业发展很依赖地区资源，导致了大量资源的浪费和低效益利用，不能使资源价值发挥到最大化。

5.3.2　产业发展风险大、成本高

新疆属于干旱半干旱地区，自然灾害发生的频率较高，灾害类型复杂多样，而且经常出现数灾并发的现象。农业生产面临的自然风险、市场风险、疫病风险都比较大，一旦出现这类风险，将会造成巨大损失，且生产成本高，机械化程度低，这导致农业生产效益不高。一方面，自然灾害事件的发生，在不同程度上威胁着农户的人身财产安全，也会对种植业、畜牧业产生不良影响，给农牧民带来了较大的经济损失。另一方面，农户在面对市场价格的剧烈波动时，

会因把握不住出手时机，造成错过最佳上市时间或者长时间压货不卖，都会造成不同程度的经济损失。对于农户本身来说，在人均可支配收入本就有限的情况下，这种“靠天吃饭”的产业受各种因素影响，面临成本过高、风险较大的发展困境。

5.3.3 产业链完整性差、局限性强

在乡村振兴的进程中，新疆农业产业面临产业链不完善、发展受限的问题，主要表现为生产、运输、销售等企业部门之间缺乏合作，不能打通产加销，不能实现产品的高质量、高速度销售，也缺乏品牌效益，没有形成特色品牌，还存在文化融合产业的能力不强的问题，不能实现现有本土特色文化的创新发展，从而直接影响了产业的整体效益。

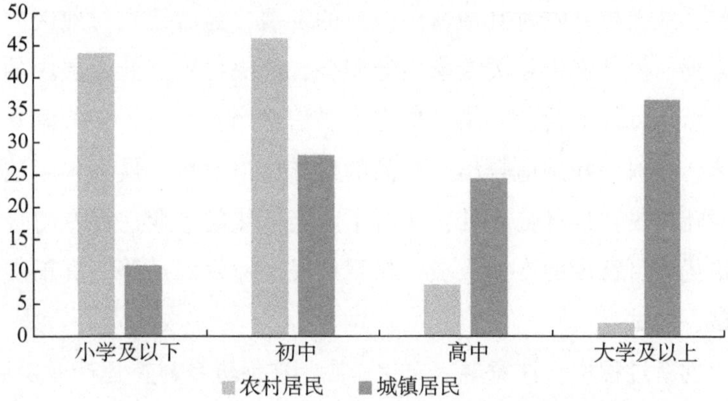

图 5-8 2021 年新疆居民家庭户主文化程度分布

数据来源：新疆维吾尔自治区统计局

另外村民的总体文化程度水平不高，如图 5-8 所示，农村居民受教育水平大多为高中及以下，对新鲜事物的接受程度和对新的管理理念及方式的认知不足，村民在生产过程中一直坚持采用传统的生产方式，导致农民增收能力不足。此外，城乡收入差距造成了乡村引不进、留不住人才，同样使新疆农业产业的发展缺少助推力，这不仅导致生产效率低下，还对生产环境造成了很大的破坏，同时限制了新疆农业产业发展。

5.4 乡村振兴背景下农业产业的发展对策建议

5.4.1 推动产业结构创新

产业结构不合理的深层原因在于缺乏创新。在乡村振兴大背景下，应从多方入手，推广宣传创新理念，以解决农业产业结构不均衡的问题。从政府角度，应加强创新政策的完善，以基层干部为着力点，培养干部创新相关政策的宣传引导能力，多下基层，用村民听得懂的语言深入农村群众中，引导支持村民发展适合自己地区且具有独特优势及特色的农业富民产业，并针对已有的农业特色产业，加强品牌建设及后续宣传，发挥出农业特色产业应有的品牌效应，实现产业价值，从而带动农村其他富民产业的发展，为后续农村地区产业发展提供借鉴和帮助。另外提供相关专家指导服务，解决村民产业发展中的难题。从市场角度，营造良好的营商环境，推进市场信息融合且公开，选派专人讲解时下市场趋势，让村民找到适合出手产品的最佳价格时机，最大程度地保证村民利益，同时让村民在信息公开处，实时了解当下热门产业，有专门分析解答产业发展在市场中可行度的专业人员，拓宽村民产业发展道路。真正实现让村民肯试、敢试、能试。

在产业创新过程中，注意融入文化资源，在促进乡村特色产业发展的同时，带动地区特色文化的传承与创新。

以此，实现全方位地改进农业产业结构不合理问题，带动产业结构优化升级，实现用特色产业助力一、二产业发展，让南北疆发展适合自己地区的特色产业，以缓解南北产业结构及经济不均衡的状况，达到减少产业同质化的目的，最终实现产业结构调整。

5.4.2 拓宽产业融资渠道

新疆农业产业发展面临风险大、成本高的困境，解决困境的主要着力点在于经济层面的优化。需从多方面综合施策。当下缺乏产业发展资金是制约农业产业发展的一大难题。完善融资渠道应从多方寻求支持。首先是政府方面，离不开政府农业补贴的支持。降低补贴的门槛，能让更多需要产业发展的农户得到政府的支持，减少产业成本的同时也可以加强政府和农户之间的联系，创造更好的社会氛围，减少农民的风险损失，提高收入可支配的灵活性。可依靠政府的惠民政策，针对保险公司对农民农业发展的保险项目，提供经济补贴，降低农民保险费，减轻农民发展农业的经济压力。其次是社会层面，向众多福利机构宣传乡村特色产业发展的重要性，申请获得其定向资金支持，减缓产业发展中的风险压力，解决农户产业发展的后顾之忧。

5.4.3 完善农业产业链条

产业链完整性差、局限性强，解决的最直接方法就是完善产业链条，拓宽产业发展路径，一方面是打通产加销，另一方面便是人才问题。产业的发展是一个连续性的行为，它需要产业本身的高质量、高品质保证，同时也需要在农户生产出产品之后，有快速有效的销售渠道去实现产品的价值，对接买方与卖方，在这个过程中，还需要有一个能保证产品质量并且快速高效地去运输给买方的运输渠道，三者对于产业的发展缺一不可，而这需要新疆地区的农业产业建立完善的产业链，打通产加销道路，以此完善产业链、破解局限性困境，实现各企业部门的合作，同时加强产业品牌效应，提升产业的整体效益。

打通产加销道路，首先需要利用产业的品牌效应，运用“互联网+”打通线上销售渠道，实现产品按需流向全国，甚至可以努力拓宽国外市场，提升我国出口水平。线下市场同样不可小觑，当打出品牌知名度以后，便可实现周边的持续性经营，久而久之，会积累老客户。同时，延长产品的深加工线，实现产业资源的高效利用，最大限度地发挥农业产业的价值。对于产业本身来说，要保证产品质量，加大科技投入，不断提升产品品质，完善自身产品实力。对于运输渠道，要合理利用产品自身优势，选择适合该产品的运输方式，同时加大科技投入力度，保证产品运输到目的地时，仍能保持最优品质。

加强人才建设方面，首先可从本地人才培养入手。一方面利用基层资源加强农户的知识教育培养，提高发展主体的文化程度，提高新鲜事物的接受程度和新的管理理念及方式的认知能力，从文化软实力方面促进产业发展。另一方面注重本地人才的留存，宣传家乡建设，让他们留下来为家乡产业发展努力奋斗。其次可通过互联网和国家援疆政策，引进专业对口人才，建立人才激励机制，提高乡村人才的待遇水平，改善他们的工作生活条件，稳定人才队伍。使其能在农业产业发展过程中，针对农户产业发展中遇到的问题提供有效指导，助力乡村特色产业，发展农村经济，缩小城乡收入差距，让新疆农村留得住人才，发展得了富民产业，拓宽更多产业发展可能性，从全局实现产业链条的完善。

5.4.4 打造产业融合新模式

要在充分利用自身的资源优势的基础上，进行深入的合作和协同发展。首先，要进行产业布局的优化，培育一批农业产业化的龙头企业，形成一条既有区域特色又有乡土意义的产业链，同时也要大力发展农副产品深加工、乡村旅游等产业。其次，要充分发挥农业的多种功能，把“田园”建设成为集生态、观光和文化体验于一体的“田园”，培育休闲农业和健康产业等新型产业。在此基础上，构建农业合作社、特色小镇和农业园区等产业协作发展平台，促进城乡产业协调发展，形成具有新疆特色的城乡一体化发展格局。

5.5 本章小结

本章以实施乡村振兴战略为背景，综合运用文献归纳分析法、描述性研究法和案例研究法，在分析新疆农业产业发展现状的同时，总结归纳新疆农业产业发展中的困境，并分析困境造成的原因，探讨乡村振兴背景下新疆农业产业发展的主要任务，提出推进乡村振兴下农业产业发展的应对措施。

通过分析，发现新疆农业产业发展存在产业结构不均衡、产业发展风险大、成本高和产业链完整性差、局限性强等主要困境，为解决以上困境，从创新产业结构发展理念、拓宽应对产业风险和降低成本的融资渠道、完善产业链条三个角度来提出对策建议，主要依靠政府及市场的大力引导，从政策、经济方面为农业提供帮助，带动新疆农业产业创新发展新质生产力，推动新疆地区运用好自身现有资源，发展具有地方特色的、融合特色文化的富民产业，同时树立品牌，延长产业链，扩大产业的经济效益，解决新疆农业产业现有的困境难题。

6　财税支持农业经济高质量发展的路径研究

当前，我国正处于全面建设社会主义现代化强国的新时代，全面推进乡村振兴、建设农业强国是我们的重要使命和任务。财税政策作为影响农业农村发展的关键因素，在推动农业现代化和乡村产业振兴中发挥着重要作用。我国已全面取消农业税，同时，中央和省级财政部门出台了一系列支持农村产业发展的政策措施，这些政策中涉及的农业税收优惠措施已在全国范围内得到全面落实，为农业农村发展提供了有力保障。

截至目前，围绕农村基础设施建设、特色产业发展、普惠金融等六大领域，已有 109 项支持农业经济发展的税收优惠政策落地实施，涵盖了税收减免、税收优惠等多种形式。国家相关部门通过财政和税收两大政策工具，有效调节国民经济运行，并通过转移支付、税收优惠等直接或间接方式，协同各部门推动农业产业升级，促进农业经济高质量发展。

6.1　财税政策支持农业经济高质量发展的现状分析

6.1.1　目前我国农业经济的总体发展现状

近年来，我国坚定不移地推进农业现代化和农业供给侧结构调整，增强了农业综合实力，提高了农民收入水平，改善了农村民生状况，助力实现了全面建成小康社会的目标，乡村地区的经济发展水平得到了明显的提升，乡村地区呈现出一片和谐、安定的景象。

随着农业供给侧结构性改革的深入推进，我国粮食总产量稳定提升，棉油糖、肉蛋奶等重要农产品供应充足，为保障国家粮食安全奠定了坚实基础。2021 年，农业科技进步对农业增长的贡献率达到 61%，种植和收获综合机械化水平突破 72%，较 2017 年提升 6 个百分点，农业生产效率显著提高；全国农产品加工转化率提升至 70.6%，农产品附加值不断增加。与此同时，绿色农业发展方面成效显著，化肥、农药使用量呈下降趋势，畜禽粪污综合利用率达到 76%，农业生态环境得到了持续改善，为农业可持续发展奠定基础。为了改善农村居民生活条件，推进乡村全面振兴，政府加大在农村公共服务方面的建设力度，2021 年我国农村公共服务覆盖面较 2017 年扩大 40%以上，教育、医疗、文化等公共服务水平不断提高，农民收入水平显著提升。如表 6-1 所示，2017—2021 年间，农村居民人均可支配收入逐年增长，农民获得感、幸福感显著增强，为全面推进乡村振兴战略，建设农业现代化强国创造了条件。

表 6-1　2017—2021 年农村居民人均可支配收入

指标	2017	2018	2019	2020	2021
农村居民人均可支配收入（元）	13432	14617	16021	17131	18931
农村居民人均可支配收入比上年增长（%）	7.3	6.6	6.2	3.8	9.7

数据来源：国家统计局

6.1.2　财税政策支持农业发展的现状

（1）加大对欠发达地区农业产业项目的支持力度

近年来，农业农村部会同财政部等有关部门加大投入力度，加强项目建设，促进欠发达地区农业产业发展。2017 年以来，农业农村部和财政部批准创建了 151 个全产业链发展、现代要素集聚的国家现代农业产业园，其中已认定 87 个，带动各地创建了 3189 个省、市、县产业园，基本形成了以园区化推动现代农业发展的建设格局。151 个国家产业园平均产值达 75 亿元，其中 15 个超百亿元。2021 年，在对以前年度符合条件的项目给予延续支持的基础上，中央财政支持新创建 50 个国家现代农业产业园、50 个优势特色产业集群、300 个农业产业强镇，使乡村产业形态更高级、布局更优化、结构更合理。

（2）提高转移支付比例

近年来，中央持续优化财政转移支付政策，着力提升地方财税统筹能力，加大对欠发达地区的转移支付力度，有效缩小地区间财力差距。一方面，中央积极推进财政转移支付制度改革。国务院印发《关于改革和完善中央对地方转移支付制度的意见》，明确以推进地区间基本公共服务均等化为核心目标，突出一般性转移支付的主体地位，建立健全一般性转移支付稳定增长机制，2012—2024 年中央对地方的转移支付规模从 4. 5 万亿元增长到 10. 2 万亿元，有力促进区域协调发展和基本公共服务均等化。另一方面，中央着力优化财税支出结构，为增强地方财政统筹能力，不断增加一般性转移支付规模，提高一般性转移支付占比。通过适度扩大财政赤字规模、盘活财政存量资金、调整优化支出结构等举措，重点加大对欠发达地区等财力薄弱区域的转移支付支持力度，促进更多资金流向欠发达地区和财政困难地区，为缩小区域差距，推动农业经济高质量发展提供有力保障。

（3）完善政策吸引生产要素向乡村聚集

农业农村部与相关部门一起，加大对农村地区的指导和支持力度，并为其提供良好的政策环境，从而将各种生产要素吸引到农村地区，推动农村地区的工业发展。

一是，加强制度体系建设。《关于促进乡村产业振兴的指导意见》明确提出，要将“全面推进”作为“乡村振兴”的重要任务，深入挖掘“三农”的多重功能与价值，集中优势产业和资源，推动城乡一体化发展。《全国乡村产业发展规划（2020—2025 年）》进一步强调，要高效整合各类资源，发展特色鲜明的乡村产业，保留并优化二、三产业，为农户创造更多就业、创业机会，提升产业链增值效益。

二是，强化金融支持。为了更好地服务于农业农村发展，我国政府出台了一系列财政金融支持政策。中国人民银行与农业农村部等部门 2023 年协同颁发了《关于金融支持全面推进乡村振兴加快建设农业强国的指导意见》，旨在完善农村金融服务体系，深化金融服务的层次，拓宽金融服务覆盖面，并确保金融服务的可持续性，以此推进乡村振兴，加快建设农业强国。2024 年，新疆维吾尔自治区政府出台了《2024 年新疆维吾尔自治区粮棉果畜农业特色产业高质量发展的财政金融支持政策》，旨在加大对粮棉果畜农业特色产业的支持力度。这些政策通过明确 11 个方面 103 项具体措施，积极盘活现有财政资源，强化政策协同，优化运作环节和方式，采取加大金融机构涉农信贷投放力度等 5 项措施，集中财政金融力量支持涉农产业集群高质量发展。

6.1.3 新疆财税政策支持农业经济发展的现状分析

（1）新疆财税政策对农业产业扶持

新疆财税补贴扶持政策主要根据中央文件精神，以乡村振兴、农业农村现代化为目标，发布了涉及多个农业领域的强农惠农补贴扶持政策。

自治区政府对种植业和畜牧业实施了多项补贴政策，以支持农业发展和农民增收。一是，在种植业方面，政府为种粮农民提供了一次性补贴，重点用于覆盖部分种粮成本支出，减轻农民负担。该补贴面向实际种粮的农民，涵盖拥有自有承包地、流转种粮土地的农民以及家庭承包农场、合作社及相关企业等各类经营主体。二是，在农机补贴方面，政府对购买农机具及相关应用的农户提供购置补贴，鼓励农业机械化发展，并通过常态化作业信息化监测，优化补贴发放方式，提高政策落实效率。三是，在畜牧业方面，为符合条件的养殖农户提供补贴，支持良种推广、品种改良及规模化养殖等项目，推动畜牧业高质量发展，促进农民增收和乡村振兴。这些政策的实施，体现了政府对农业和农民的高度重视，为新疆农业现代化和可持续发展提供了有力保障。具体农产品的补贴情况见表6-2。

表6-2 新疆地区部分农产品政府补贴政策

农产品名称	具体类型	政府补贴政策
棉花		细绒棉1.18元/公斤，特种棉（包括长绒棉和彩棉）1.65元/公斤
耕地地力保护补贴资金	种植冬小麦	耕地补贴220元/亩
	种植春小麦	耕地补贴115元/亩
	青贮饲料	补贴120元/亩
	正播籽粒玉米和特色经济作物	补贴18元/亩
	种植苜蓿	耕地补贴100元/亩
耕地地力保护补贴资金	玉米用于青贮	每亩120元
	用于收获籽粒	每亩18元

续表

农产品名称	具体类型	政府补贴政策
农机补贴	购置补贴	通用类机具补贴额不超过农业农村部发布的最高补贴额
	报废更新补贴	由报废部分补贴与更新部分补贴两部分构成。报废部分补贴实行定额补贴，更新部分补贴标准按当年自治区农机购置补贴政策相关规定执行
草原生态保护补助		水源涵养区禁牧补助 50 元/亩/年，一般性禁牧补助 6 元/亩/年，草畜平衡奖励 2.5 元/亩/年

数据来源：新疆自治区政府网

在信贷服务领域，自治区政府为符合条件的农业经营主体提供农业信贷担保支持，服务对象涵盖家庭农场、农民合作社、农业社会化服务组织和小微农业企业等。服务范围聚焦农业生产及其直接相关产业项目，重点支持粮食种植和乡村特色产业发展。为提升服务效能，政府着力推进信贷服务的数字化和信息化建设，建立常态化服务机制。

保险方面，自治区政府承担一定补贴比例，大约为 10%～40%，中央财政将保险保费补贴比例由过去的 35%～40%统一提升至 45%，剩余部分由农户自行承担，实现成本保险和种植收入保险的全覆盖，并且继续开展“保险+期货”试点。

（2）新疆财税政策对特色农业产业扶持

新疆地区近年来的发展目标是加快经济增长方式的转变，核心重点是对特色产业结构的优化。通过汇集资源要素，优化产业布局，加快构建现代农业产业体系，全力打造全产业链价值超百亿元的优势特色产业集群。

2021 年新疆“三农”支出达 1017 亿元，重点用于农业生产，提升农业综合生产能力，确保新疆粮食安全和重要农产品有效供给。2022 年一次性补贴实际种粮农民共两批，第一批 3.6 亿元，第二批 1.7 亿元；根据中央财政农机购置补贴项目名录对购买农机的人进行不高于 30%的资金补贴；对拥有耕地承包权的农民进行财政补贴，促进耕地地力提升；战略性产业发展方面，引导新疆本地特色优势主导产业发展，建立 200 个国家现代农业产业园，对其进行资金补助；扶持优势产业龙头企业，打造现代农业产业集群。综合来看，政府现有财税政策对农业的支持力度很高，但在实际实施过程中还存在针对性不强、引导性不明确等问题，需要在未来的政策制定中考虑改善。

6.1.4 新疆财税政策支持农业经济发展的典型案例分析

(1) 建立财政投入稳定增长机制

如图 6-1 所示，近年来，喀什地区的投资结构呈现出显著变化。在第一、二、三产业中，第一产业的投资比重持续上升，而第三产业虽然仍占据最大比重，但其增长速度有所放缓。2018—2022 年，第一产业的投资增长幅度最大，达到了 71.3%。从投资趋势来看，近五年来第三产业的投资比重总体呈下降趋势，而农业领域的投资力度显著增强，为农业发展提供了坚实的物质基础。喀什地区通过层层压实责任，有效利用衔接资金，加快项目建设，促进了乡村产业的发展。在财政支持方面，喀什地区已下达财政补助资金 549251 万元，其中中央资金 517570 万元，自治区资金 31681 万元，用于推进乡村振兴工作。截至目前，全区已到位资金 73.09 亿元，确保了各项工作的有效衔接和顺利推进。

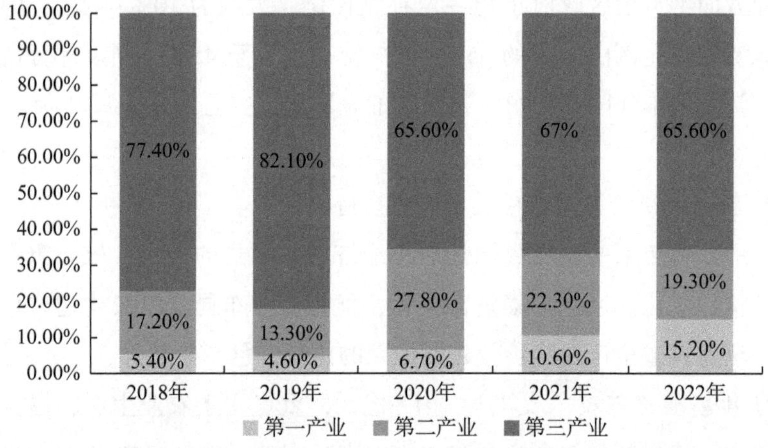

图 6-1 2018—2022 年全地区三次产业投资占固定资产投资比重

数据来源：喀什地区行政公署

(2) 建立项目资金定期通报机制

各部门对于每年财政部下发的投入资金预算安排结合财政部年度报告进行及时汇报，根据图 6-2 可以看出喀什地区财政资金在乡村振兴发展投入方面力度呈逐年增长趋势，大量资金投入必然会出现衔接不到位的情况，为此喀什地区政府要求对各类资金预算执行情况进行汇总比较，并且实行一月一通报，对排名靠后的县市区进行督促指导，对因工作不重视、不配合、不落实导致失职失责的县市区财政局主要负责同志进行约谈，以进一步加快财政衔接项目实施进度和资金拨付进度，倒逼各县市区加快项目实施和资金拨付进度。

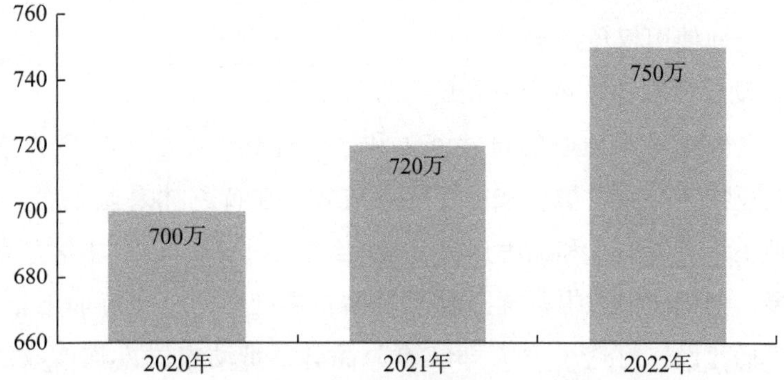

图 6-2 2020—2022 年财政投入资金预算安排

数据来源：喀什地区行政公署

（3）建立挂牌督办衔接资金监管工作机制

从喀什地区行署官网可以了解到，当前地区财政局将继续贯彻落实《喀什地区财政系统扶贫资金监督管理挂牌督办工作实施方案》，根据各级政府主要官员所任职位，建立并实施终身责任制度，从资金的投入与整合、下发与落实、支出与使用、监控与绩效、问题与整改五个方面全力抓好落实，地区财政局 4 名副处级以上领导分别挂钩 3 县市 AB 岗、24 名业务骨干挂钩 1 县市等政策，有针对性地建立挂牌督办衔接资金监管工作机制，使得政府各部门工作能够在党中央统一领导下有效实施，并取得相应的成效，真正做到权为民所用，利为民所谋。

（4）支持农村基础设施建设

为了能够完善喀什等地区的农村基础设施，加快补齐短板，国家税务总局前后出台了 4 类 14 项的政策来支持相对贫穷落后的地区完善基础设施建设，从而促进乡村振兴和农业经济高质量发展。其内容涵盖了耕地占用税、企业所得税等多个税种，尤其是针对水利电力工程，对规模较小的县级或县以下水电站，可采取增值税简化缴纳方式。对用于节水工程的土地以及农业生产用地，免征城镇土地使用税，免征节水项目占用农田的城镇土地使用税。对国家大型水利工程建设基金免征城市维护建设税。农村地区居民，因自身居住需要新建住宅，享受耕地占用税减半的税收优惠，针对农村烈士家庭、低保户等特殊对象新建自用住宅的，免征耕地占用税。对于投资并且经营的农村水利工程的企业，免征城镇土地使用税；该工程的收入免征增值税和印花税；外来人员投资建设该工程取得的土地使用权免征契税。

（5）推动乡村农业特色产业发展

喀什地区依托得天独厚的自然资源和区位优势，以财政资金为重要抓手，大力支持农业特色产业发展，取得了显著成效。在特色林果业方面，财政资金通过补贴种植、支持加工和品牌建设，推动红枣、核桃、巴旦木等产业规模化、标准化发展。例如，麦盖提县通过财政补贴新建红枣园、支持加工企业设备购置和交易市场建设，打造了“刀郎红枣”品牌，带动农民人均增收 2000 元以上。在设施农业方面，疏勒县通过财政补贴新建日光温室和拱棚，引进龙头企业，建设冷链物流中心，推动设施蔬菜产业发展，培育了“疏勒辣椒”等特色品牌，带动农民人均增收 3000 元以上。在农产品加工业方面，莎车县通过财政支持巴旦木加工企业技术改造、新产品研发和市场开拓，开发了巴旦木油、巴旦木乳等高附加值产品，带动农民人均增收 1000 元以上。在农业科技创新方面，泽普县通过财政支持核桃新品种选育、良种繁育基地建设和种植技术培训，选育出“泽普 1 号”等高产优质核桃品种，带动农民人均增收 1500 元以上。在农业保险方面，岳普湖县通过财政补贴棉花保险保费，简化理赔程序，提高保险覆盖率，有效降低了农户种植风险，保障了农民收益。这些典型案例充分体现了财政资金在支持农业特色产业发展中的引导和撬动作用，为喀什地区农业增效、农民增收和农村繁荣提供了有力支撑，也为其他地区发展特色农业提供了有益借鉴。

喀什地区税务局紧密对接农业特色产业发展步伐，建立健全定期走访企业、精准对接需求的机制，组织政策宣传小分队深入田间地头，针对研发费用加计扣除、自产农产品增值税减免、小微企业所得税优惠等政策，面向种植户、合作社和农业企业开展精准化政策辅导与知识普及。税务局通过“一对一”指导、“手把手”教学，帮助现代农业企业全面掌握并充分享受适用的税费优惠政策，为农业产业高质量发展注入强劲动力。

6.2 财税政策支持农业经济高质量发展存在的问题

6.2.1 财政政策方面存在的问题

(1) 财政扶持力度有待加强

当前，我国财政对农业的投入力度和结构存在一定问题，制约了农业的高质量发展。首先，财政投入总量不足。农业作为弱质产业，具有周期长、风险大、收益低等特点，需要持续稳定的财政支持。然而，当前财政支农资金总量相对不足，据国家统计局数据测算，农林水事务支出占地方财政支出比重约11%，相较来说所占比重较低，难以满足农业现代化和高质量发展的资金需求，尤其是财政在农业基础设施、科技创新和绿色发展等领域的投入缺口较大，限制了农业的可持续发展。当前的补贴政策多为临时性，不具有稳定性，并且政策时效较短，不具有长期性，因此要使乡村产业实现产业转型，需要有长期稳定的政策扶持。

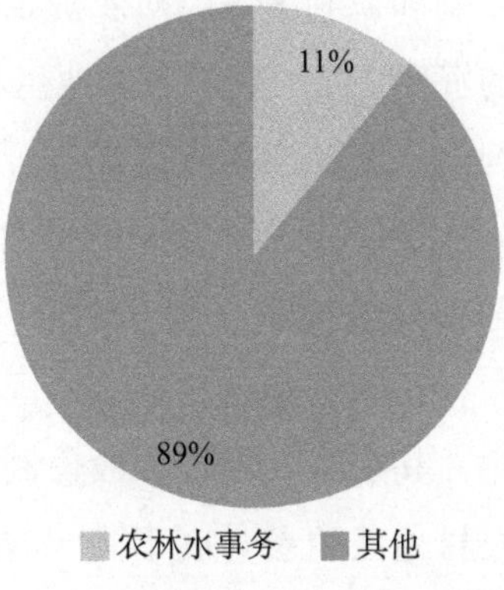

图 6-3 农林水事务占地方财政支出比重

数据来源：《中国统计年鉴》

其次，财政投入结构不尽合理。目前，财政支农资金更多地集中在农业生产环节，而对农业科技研发、农产品加工流通、农业社会化服务等环节的投入相对不足。这种投入结构的不均衡，导致农业产业链难以有效延伸，价值链提升受限，农业的整体效益和竞争力未能得到充分发挥。

（2）政策精准性和有效性有待提升

当前，农业政策在精准性和有效性方面仍存在提升空间。一方面，财政政策设计不够精准。部分政策制定过程中，缺乏对农业产业特点和区域差异的充分考虑，存在“一刀切”现象。例如，一些政策对规模化经营主体和小农户采取相同的扶持标准，忽视了小农户在资金、技术等方面的实际困难，导致政策难以满足不同类型、不同规模农业经营主体的差异化需求，政策效果大打折扣。另一方面，政策落实存在偏差。一些地方对政策的理解和执行存在偏差，导致政策红利未能及时、足额地惠及农业经营主体。有时候存在补贴资金截留、挪用等现象，导致补贴资金未能及时发放到农民手中，影响了农民的生产积极性，也削弱了政策效果。

（3）农业经营主体融资困难

农业信贷供给不足，融资难、融资贵问题突出。当前，农业经营主体普遍面临资金短缺困境。由于农业生产对环境因素要求较高，受天气影响较大，一旦出现天灾可能会导致颗粒无收。并且农产品附加值不高，所带来的利润较低，因而，金融机构出于风险控制和盈利考虑，对农业信贷投放意愿不强，导致农业经营主体难以获得充足的资金支持，制约了农业生产的扩大和转型升级。

农村金融服务体系不健全，服务能力有待提升。一方面，农村地区金融服务基础设施薄弱，如 ATM 机、POS 机等设备的覆盖率较低，这限制了金融服务向农村的渗透，影响了金融支持的效果。另一方面，金融机构在农村的分布不合理，主要以国家资本为主，民间资本占比很小，国有资本以农业银行、农村信用社和邮政储蓄银行为主，其余国有银行和股份制银行将市场主要集中于城市地区，而非金融机构在农村地区的参与度不高。与此同时，农村金融机构服务网点的分布极不均衡，大部分集中在县城和中心乡镇，偏远地区的金融服务供给不足。这种情况导致许多农村居民在办理存取款、贷款等金融业务时面临诸多不便，农民难以享受到便捷、高效的金融服务，这在一定程度上限制了农民的经济活动，影响了农业经济的发展。农村地区金融机构网点少、服务能力弱，使得农业经营主体多样化的金融需求难以得到满足，特别是新型农业经营主体的金融需求得不到有效满足，制约了农业规模化、集约化发展。

6.2.2 税收政策方面存在的问题

（1）税收优惠政策扶持力度不够

一方面，优惠政策的覆盖面有限。现行政策更多地倾向于农业龙头企业，而对中小型农业企业、农民专业合作社等新型农业经营主体的支持力度不足。这些新型经营主体在农业现代化和乡村振兴中扮演着重要角色，但由于规模较小、抗风险能力较弱，更需要税收政策的扶持。然而，目前的政策设计未能充分考虑到它们的实际需求，导致其难以享受到应有的政策红利。农业本身具有周期长、风险大、利润低的特点，现有的税收减免或优惠措施往往力度有限，无法显著降低经营成本，影响了政策的激励效果。尤其对于中小型农业企业而言，税收负担仍然较重，制约了其发展壮大。现行条件下，农业发展方面享受增值税税收优惠政策的产业多为销售农产品和农产品加工环节，但是这两个环节的产品经济效益不高，并且没有形成完整的产业链。例如喀什地区岳普湖县地理位置优越，光热水土资源丰富，传统种植的小茴香，具有色泽油绿、口感香而不辣、精油含量高的优势，种植面积广，产量和质量也比较高，给岳普湖种植户带来了较好的收益，但是缺乏相关完整的产业链，导致产品外销的数量没有占到绝对的优势。因此，现有的优惠政策仍不足以满足农业产业化发展的需求。

另一方面，现行涉农税收制度不利于吸引农村资金投向现代农业领域。在农业领域，资本的投资更倾向于追求投资回报，然而，涉农税收政策的适用范围相对较窄，这对于资本流向农村带来了不利影响。由于缺乏必要的资金投入，农业特色产业的规模无法扩大，限制了农业经济高质量发展。因此，要通过完善涉农税收制度，促进农村产业化进程。

（2）优惠政策较为分散

当前，我国针对农业领域的税收优惠政策很多，但其条文分散、缺乏系统性，导致各种涉农税收优惠分散在众多政策文件中。这些政策规定对农业和农村经济起到了一定的促进作用，但也存在一些问题与不足，需要进一步完善。从农业生产者的角度来看，由于当前的税收优惠政策体系庞杂且专业性强，宣传方式不够系统完善，普通农户难以及时获取相关的优惠政策信息，也难以准确理解和运用与其生产经营相关的税收优惠措施。部分政策申请程序复杂、门槛较高，增加了农业经营主体享受优惠的成本。许多农业经营者由于缺乏专业的财务和法律知识，难以顺利完成申请流程，导致政策红利无法真正惠及目标群体。从征管部门的角度来看，各级各部门制定的税收优惠文件数量繁多、内容复杂，在实际执行过程中难以做到全面把握和有效落实。

(3) 涉农税收监管难度较大

首先，虚开发票和虚报种植面积是涉农税收优惠政策中的突出问题。部分企业利用农产品收购发票可以抵扣增值税的政策，虚开农产品收购发票，虚增进项税额，以此偷逃税款。购买初级农产品的单位依据进货凭证来抵扣进项税，由于当前监管环境比较松，所以出现了与农民合伙虚开增值税发票、偷逃增值税和所得税的企业。一些企业通过虚报种植面积、养殖数量等方式，骗取农业补贴和税收优惠，这不仅损害了国家利益，也破坏了公平竞争的市场环境。

其次，税收征管力量薄弱也是导致涉农税收风险的重要因素。基层税务机关的征管力量相对薄弱，难以对数量众多、分布分散的农业企业和农户进行有效监管。随着税收征管工作的日益复杂，对税务人员的职业能力提出了更高的要求。农村的复杂自然环境和社会环境对基层税务工作产生了影响，导致农村税收征管工作的范围相对分散，工作量相对较大，涉及面相对较广。在税务管理、监控、评估、审计等多个环节中，基层税务工作者面临着来自上级的分散管理任务，这些任务的协同作用并不尽如人意。同时，税务部门与农业、林业、市场监管等部门之间的协作机制不健全，难以形成监管合力，这进一步削弱了税收征管的效果。

6.3 政策建议

6.3.1 完善财政政策

(1) 加大财政资金投入力度

资金在乡村振兴发展中是重要的物质保障，因此政府首先需要坚持把农村产业发展作为财政支出的优先保障领域，积极调整当地的财政支出结构，加大支农资金投入继续向农村倾斜的力度。建议在财政总支出中增加支农财政资金比例。继续发挥财政政策资金在激活市场活力方面的促进作用，有序地整合各类政府债券、专项预算、援疆资金等项目。其次是完善当前的财政补贴结构，改进目前所实行的补贴投入方式，财政补贴的优势就在于多元化的补贴方式能够帮助从事农业生产的企业降低机械设备以及化肥农药的购置成本，从而推动财政补贴由间接补贴向直接补贴转型升级，减轻中间环节流失现象带来的压力。目前所实行的补贴范围还需要进一步扩大，例如在农产品的加工、销售环节以及乡村旅游、农家乐、民宿等领域。争取实现该地区的产业经济链条化，促进整体经济发展。适当延长财政资金的具体使用年限，进而促进财政资金在乡村振兴方面的长期化使用。以目前情况来看，从事农业生产的创业者会面临市场时常不景气以及资金周转不顺利的风险，因此生产压力就比较大。所以需要适当地延长财政资金的使用年限来减缓生产者的创业压力，例如让财政背书的企业在取得无担保贷款的时候，适当延长时限至5~10年。

（2）合理规划财政的资金投向

针对支农财政资金衔接不到位，资金涣散的情况，需要多个部门共同努力，对于涉农资金的投入与分配要进行系统的整理，统一规划，做到有序发放。对于不同地区的不同产业，要实施不同的政策，并且明确相关部门对于财政资金的拨付与使用的责任，要求将各部门的责任与任务同资金统筹起来，形成一个有序的整体，根据农业产业发展需求，成立专门基金以及管理机构。在财政资金下达方面，要集中注意力于当地的特色产业，深入了解该地区的地方产业特色，以及其所独有的资源，对这些能够实际长久在此经营的企业委以重任，重点扶持。缩小城乡差距，积极引导特色农产品产业的发展并给予融资支持，同时也呼吁企业要加强环境保护。财税政策促进产业发展从而带动农业经济高质量发展，不仅仅要追求数量上增长，更要致力于产品质量上的提升，要积极地促进产业的现代化发展，实现产业的转型升级，相关部门可以采取政府购买或者项目筹备的方式，为企业产品搭建展销平台，进而帮助企业及时地了解市场信息，促进各个企业间生产经营经验的交流。

（3）优化农业经营主体融资渠道

财政资金的投入与使用不是含糊的拨款、用款行为，哪些产业以及生产经营过程中的哪些环节需要得到财政资金的帮助，企业是否能够将财政资金有效地投入到促进产业发展当中，这些都是完善财税政策需要涉及的问题。政府的财政资金投入不能作为促进农业经济高质量发展的唯一动力。因此财政部门要抓住农业现代化转型的关键时机，及时地发挥好引导作用。提供财政资金、吸引社会资本投资、鼓励农户积极地参与到农业产业发展的行列当中去。对于创业者们，政府利用财政资金积极鼓励他们立足于当地的特色优势而建造新型农业产业链，对于原有的老牌企业，政府利用财政资金支持其在稳步发展的基础上进行现代化改造。同时，发挥社会资本在促进农业经济高质量发展中的重要作用。首先是发挥金融工具的积极作用，拓宽小微企业的融资渠道，督促政策性银行提供低利息的用于农业生产、粮食收购等生产经营的贷款，其次是完善农业担保体系，致力于解决小微企业以及小生产者的贷款担保问题。

6.3.2 完善税收政策

（1）落实财税支持政策

各地政府积极响应国家号召，充分贯彻实施西部大开发的企业所得税政策、民族自治地区的税收优惠政策，构建监督财政资金使用情况的绩效评价和责任追究机制。应针对各部门涉农资金的有效使用建立严格的考核方式，不能仅仅依赖于最后各部门所公布的数字金额，而要有更加清晰明了的资金使用清单以及明确其所带来的效益。有关单位可以广泛采取基层人民群众的意见建议，公开公正地对各部门的成绩作出评价。对于财政资金的拨付与使用要实行终身责任制，积极划分各部门人员的责任，对于违法不当行为要给予严肃处理，依据相关法律文件，让违法者承担相应的法律责任。充分发挥税收对乡村产业振兴的助力作用，扩大优惠政策的覆盖面。针对涉农税收征管难、风险高的问题，要从制度上进行完善。

（2）调整政策实施方向

为了促进农业产业转型，需要针对不同的产业类型而制定相适应的政策。拓宽生产领域的投入渠道，例如社会资本投入、外资入股方式。针对社会资本带来的收入按照所得额的90%征收企业所得税。对于企业用于发展生态农业，或者企业与高校、科研机构合作研发农业高新技术所产生的支出，可以按照发生额的50%加计扣除。对于技术开发等方面的科研产业体系，要将农产品的技术开发费用、物流运输以及货物储存都纳入优惠体系当中。例如可以对给农业生产企业提供的技术开发费用免予征收个人所得税，这样既可以激发技术提供者的服务热情，又在一定程度上促进农业生产发展。

(3) 防范税收风险

当前，我国涉农税收征管仍存在发票管理不规范、关联交易监管不到位等风险问题，需要通过完善政策、加强征管等多方面措施加以解决。在税收政策层面，需要重点完善农产品收购发票管理办法，加强对农产品收购发票的监管，严厉打击虚开发票行为。针对企业通过关联交易转移利润的问题，应完善关联交易申报制度，加强关联交易监管，确保税收公平。在税收征管方面，要从提高征管能效和加强队伍建设两方面入手。一方面，税务部门要加强与农业、林业、市场监管等部门的协作，建立健全信息共享机制，形成监管合力。利用大数据、云计算等技术手段，加强对涉农税收数据的分析，提高风险防控能力。加大对涉农税收违法行为的打击力度，形成震慑效应，维护税收秩序。同时，加强税收宣传，提高农业企业和农户的纳税意识，营造良好的税收环境。另一方面，税务部门要加强基层税务机关建设，充实征管力量，提高征管水平。通过加强税务干部培训和建立健全激励机制，提高业务素质和风险防控能力的同时，调动税务干部的工作积极性。

6.4 本章小结

农业经济高质量发展不仅是促进农业现代化的关键，更是我们巩固农村经济实力、提高村民收入水平、夯实农村全面振兴的物质基础，也是缩小城乡差距、实现农民农村共同富裕的重要法宝。财政政策和税收政策对于推动农业经济高质量发展有着积极作用，但是目前财政惠农方面也存在投入金额分配不合理、税务方面的相关优惠政策覆盖性不全面等问题。政府需要审时度势，一切从实际出发，具体问题具体分析，抓住财税政策助农惠农的主要问题的主要方面，在实践中不断积累经验，总结教训，及时纠正错误，研究更加具有实施性、科学性和针对性的方针政策，以便在农村振兴发展的过程中，使财税政策的配套作用发挥到极致。

7 农业贸易高质量发展的路径研究

随着全球化进程持续深入，各国农业贸易联系日益紧密，作为国际农业贸易大国，我国在全球农业市场中占据关键地位，也深受国际市场影响，这迫切要求我国农业贸易精准适配国际规则的动态调整以及市场需求的快速变化。近年来，我国农业贸易方面经历了显著的变化，包括产品结构、贸易主体和市场结构等方面的调整。这些变化不仅反映了中国在全球农业贸易中的角色转变，也反映了中国对国内外市场环境变化的适应。当前，我国正处在全力实施乡村振兴战略、加速迈向农业农村现代化的攻坚节点，在此进程中，农业贸易经济能否实现高质量发展，已然成为破题的核心要素。

现阶段，我国农业生产面临资源紧张与环境保护的双重挑战，这促使农业贸易需要转向高质量、可持续的发展路径，在利用资源的同时降低对环境的负面影响。农业贸易的高质量发展有助于稳定国内农产品供应和改善农业贸易结构，提高农业商品价值链高度，有助于增加农民的收入，推动乡村振兴，丰富农业农村经济组成。因此，研究中国农业贸易高质量发展的方式和手段，对于促进农业相关产业改革、增强农产品在国际竞争中的竞争优势、增加农民收入、保障国家农业安全以及推动国际贸易平衡都具有重要意义。

7.1 我国农产品贸易现状

7.1.1 我国农业货物贸易规模

自成功加入世界贸易组织（WTO）后，我国农产品进出口额一直表现出连续增长的趋势。自 2001 年至 2021 年，中国农产品的贸易额稳定增长，其中，进口额的年均增长率为15.7%，出口额的年均增长率达8.6%，无论是进口贸易额还是出口贸易额都实现了高速增长。表7-1展示了2019—2023年我国农业货物贸易的规模及其变化趋势。从农产品进口贸易情况来看，2019—2022年，我国农业货物进口额从1509亿美元增长至2360亿美元，尽管2023年略有下降，但整体仍保持在较高水平。进口额的增长反映了国内对农产品需求的增加，尤其是对高品质、多样化农产品的需求。从农产品出口贸易情况来看，2019—2023年，出口额从791亿美元增长至989亿美元，较2019年增长了25.03%，相比于进口情况，增幅相对平缓。说明了我国农产品出口竞争力相对稳定，但增长动力不足。从贸易逆差情况来看，2019—2023年，我国农业货物贸易逆差从718亿美元扩大至1351亿美元，增长幅度明显，尽管2023年贸易逆差稍有下降，但整体逆差规模依然较大。

表7-1　2019—2023年我国农业货物贸易规模　（单位：亿美元）

年份	进口额	出口额	贸易逆差	进口额增长率	贸易逆差增长率
2019	1509	791	718	-1.7%	26.5%
2020	1708	760	947	14%	32.9%
2021	2192	835	1356	10.9%	42.9%
2022	2360	982	1378	7%	0.1%
2023	2341	989	1351	0.70%	-1.90%

数据来源：由海关总署的数据计算所得

7.1.2　我国农业服务贸易规模

我国是世界第二大服务贸易国，农业服务贸易规模不断扩大。如图7-1所示2016—2019年，我国农业生产性服务贸易总额从80.31亿美元增长至90.89亿美元，呈现稳步上升趋势，而2020年受疫情影响农业服务贸易总额大幅下降至77.44亿美元。根据商务部发布的《中国服务贸易发展报告2023》，2022年我国农业服务贸易总额达到131.7亿美元，同比增长9.1%，占农业贸易的比重为5.76%；其中，农业生产性服务贸易总额为112.9亿美元，农业对外投资流量为13.1亿美元。

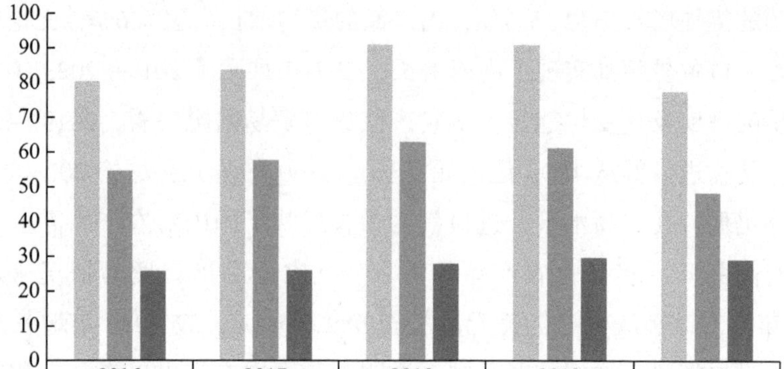

	2016	2017	2018	2019	2020
■贸易总额	80.31	83.66	90.95	90.89	77.44
■进口额	54.56	57.64	62.97	61.27	48.4
■出口额	25.75	26.02	27.98	29.62	29.04

图 7-1　2016—2020 年我国农业生产性服务贸易估值（单位：亿美元）

数据来源：商务部

7.1.3　我国农业贸易市场结构

中国农产品的贸易结构在出口方面以植物产品、食品、饮料、酒类、烟草及其替代品为主，这当中动物商品比例较高；进口方面，植物类商品是进口量最大的商品类别，动物类商品是第二大进口类别，同时动植物油和其他附加商品、可食用油脂、动植物蜡类产品在进口中也占有相当的比重。

在市场结构方面，大约 70%的中国农产品进出口总额来自排名前五的贸易伙伴国（地区），并且这一集中度正在增长。如果这些国家（地区）遭遇自然灾害、地缘政治紧张或与中国出现贸易争端，中国的农产品进出口量和价格稳定性都可能受到冲击。根据图 7-2 的进口贸易数据分析，2024 年中国农产品的五个最大进口国分别是巴西、美国、澳大利亚、泰国和新西兰，从这些国家进口的农产品金额占到了总进口额的 52. 13%，超过了一半。根据图 7-3 的出口贸易数据分析，2024 年中国农产品的五个最大出口地分别是美国、日本、中国香港、韩国和越南，向这些国家和地区出口的农产品金额占到了总出口额的 42. 22%，也接近了一半的水平。

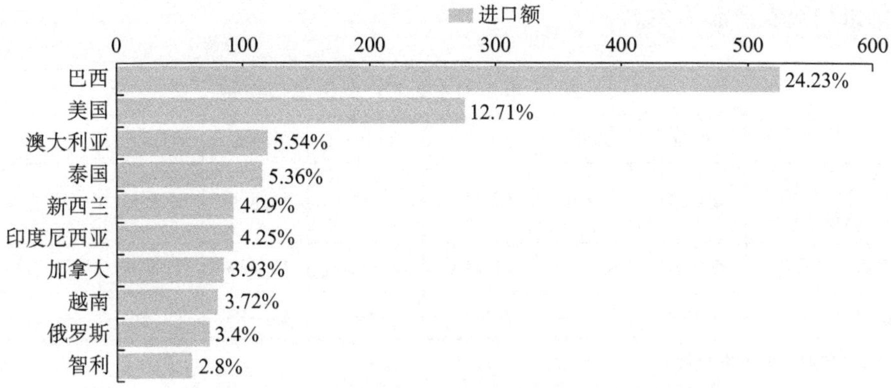

图 7-2　2024 年我国农业各种农产品的进口来源地

数据来源：农业农村部

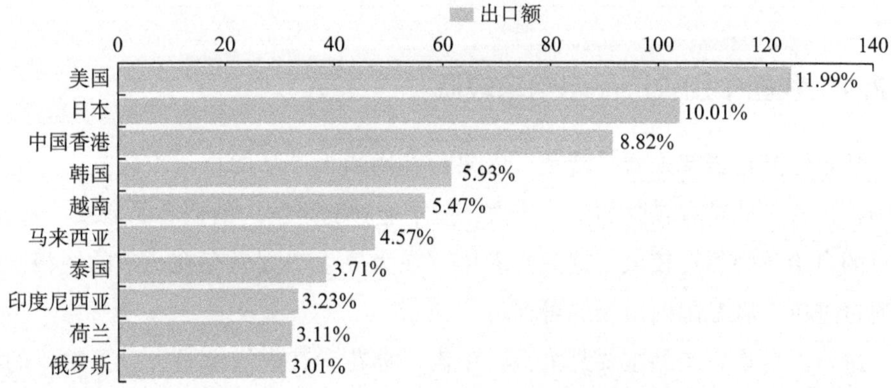

图 7-3　2024 年我国农业各种农产品的出口市场

数据来源：农业农村部

7.1.4　我国农业贸易商品结构

我国农产品贸易结构呈现出明显的进口依赖与出口优势并存的特点。食用油籽和畜产品是主要的进口品类，分别占进口额的 27.38%和 18.34%，表明我国对这些产品的依赖较大；而水产品、蔬菜和其他农产品则是主要的出口品类，分别占出口额的 19.41%、17.96%和 45.32%，显示出我国在这些领域的国际竞争力。谷物在贸易中的比重较低，进口和出口占比分别为 6.92%和 0.87%，可能与我国粮食自给自足的政策有关。总体来看，中国农产品贸易结构多元化，但仍以初级农产品为主。

表 7-2　2024 年我国主要农产品进出口结构

指标	谷物	水果	畜产品	食用油籽	水产品	蔬菜	其他
占农产品贸易总额比重	4. 96%	8. 72%	14. 45%	19. 12%	13. 37%	6. 15%	33. 23%
占进口额比重	6. 92%	8. 96%	18. 34%	27. 38%	10. 47%	0. 50%	27. 43%
占出口额比重	0. 87%	8. 21%	6. 34%	1. 89%	19. 41%	17. 96%	45. 32%

数据来源：农业农村部

7.2　我国农产品贸易高质量发展存在的问题

7.2.1　我国个别农产品自给率较低

从农产品自给率来看，蔬菜、水果、谷物和水产品的自给率较高，这表明中国在这些领域具有较强的生产能力，基本能够满足国内消费者的需求。然而，大豆的自给率则相对较低，这意味着中国在大豆生产方面存在一定的短板，需要通过进口来满足国内市场的需求。

进口的食物农产品主要是大豆、牛肉、棉花。其中缘由是大豆是重要的植物蛋白来源，在饲料和食品加工行业用得非常多。随着人民生活水平的提高，需求自然越来越多。同样的，牛肉是高蛋白、高营养的肉类产品，但因为国内生产能力与国际上相比有差距，牛肉的自给率相对较低，需要通过进口来满足人们的要求。棉花是纺织业的重要原料，中国作为全球最大的纺织品生产国，自然十分需要棉花，但国内产地少，所以要进口一些棉花。

中国农产品自给率的现状反映了国内农业生产结构和资源禀赋的特点。在保障粮食安全的前提下，通过进口农产品来满足国内市场的多元化需求，有助于优化农业产业结构，促进农业贸易的高质量发展（见图 7-4）。

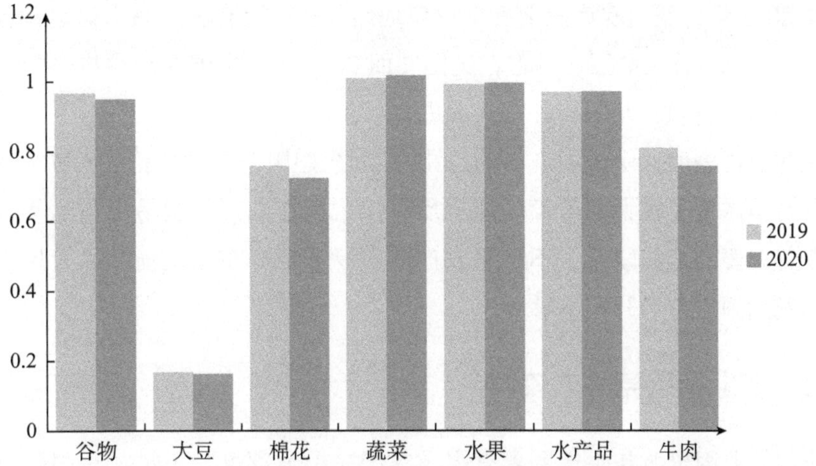

图 7-4　2019—2020 年我国当前各种农产品自给率变化图

数据来源：国家统计局

7.2.2　贸易进出口地区不均衡

我国农业商品进口的来源国分布存在不平衡现象，以发展中国家为主，同时有一定比例来自发达国家。这些发展中国家，多为我国的邻国或位于南美洲等地区，它们凭借丰富的自然资源和低成本劳动力，大量供应初级农产品；而发达国家，如欧美地区，凭借先进的技术和强大的品牌影响力，提供高品质或特色农产品。

我国农产品的出口目的地分布呈现出不均衡的态势，主要是亚洲国家，辅以欧美国家。亚洲国家，尤其是我国的邻近国家及东南亚地区的农业消费大国，由于地理位置接近和文化相似性，对我国提供的初级农产品有较高的接受度。而欧美国家，作为发达经济体，对进口农产品设定了较高的质量标准和技术门槛，更倾向于购买我国提供的深加工农产品。

我国农产品出口的目的地变化相对较小，但国内外市场的供需关系和价格波动对其产生了影响。在 2022 年，受到新冠、非洲猪瘟和天气等不利因素的影响，我国对印度尼西亚、菲律宾等亚洲国家的农产品出口均出现减少现象，导致对这些地区的出口增长率出现负增长或增长放缓。与此同时，对日本、美国、越南等地区的农产品出口有所上升，使得对这些地区的出口量大量增加。

在 2023 年，我国农产品前三个出口地出口额占所有农产品出口总额比例为 34.7%，为中国香港地区，日本，美国。而 2023 年，中国农产品排名前三的进口国为美国，巴西，泰国，三国共占进口总额的 44.7%。

这些数据表明，中国农产品的进出口市场集中，少数国家和区域在中国农产品贸易中占据了较大的份额。这也反映出中国在农产品贸易中与这些国家和地区有着重要的经济联系，不足是农产品贸易对象分布不均衡，以发展中国家为主，发达国家市场开拓不够。

7.2.3 农业贸易竞争力较弱

我国农业因资源与生产要素有限，农产品国际竞争力不足，在国际市场上比相关国家的产品竞争优势弱。通过显示性比较优势指数（RCA）发现，与全球重要的农业贸易国对比，我国农业竞争力不具备优势。从数据来看，我国只有蔬菜这一类相关农产品具有竞争能力，我国整体比较优势指数为 0.3，远低于新西兰和美国等国家。此外，在谷物、食用油等资源密集型产品方面，我国处于劣势。

表 7-3 2019 年我国相关出口农产品的显示性比较优势（RCA）指数计算结果

产品	中国	日本	泰国	印度尼西亚	澳大利亚	新西兰	美国	德国	俄罗斯
农产品	0.3	0.1	1.6	2.1	1.3	7.2	1	0.6	0.6
谷物	0.1	0	2.9	0	2	0.1	1.7	0.3	3.1
畜产品	0.1	0	1.1	0.2	3.8	25.5	1	0.9	0
水产品	0.9	0.4	2.8	3.2	0.5	3.8	0.4	0.2	1.3
蔬菜	1	0	1	0.3	0.2	2.2	0.7	0.3	0.1
水果	0.3	0.2	2.8	0.6	0.7	8	0.9	0.5	0.1
食糖	0	0	10.8	0	0.2	0.3	0	0.4	0.6
油籽	0.2	0	0.1	0	0.6	0.1	3	0.1	0.6
植物油	0	0	0.3	26.7	0	0	0.2	0.3	2.3

数据来源：根据《国际农产品贸易统计年鉴 2020》计算所得

7.2.4 缺乏具有国际话语权的农业贸易主体

在全球农业贸易领域，我国缺少能够在国际上发挥重要影响力的跨国农业贸易实体。从商品交易的视角分析，与美国的跨国农业巨头和欧洲的跨国农业集团相比，我国的跨国农业公司规模较小，这些发达国家的企业对关键农产品的种植、加工以及贸易整个产业链的控制力非常强。在全球农业贸易上，我国的话语权不够，缺乏足够的影响力。与此同时，我国农业品牌的国际知名度较低，相较于美国和欧洲等发达经济体，我国在农业品牌的国际化建设方面进展较慢，这导致我国农产品的潜在优势不能有效转变为贸易优势。由图 7-5 所示，2022 年，世界十大农商销售额排名当中，我国只有一家企业上榜，与排名第一的企业销量之间还有较大差距。

与发达国家相比，我国农业科技能力存在明显距离。农业生产方式以个体和少量规模化经营为主，规模化、集约化、现代化程度不高，生产速度和竞争能力相对不足。农产品市场体系不够完备，信息不流畅，商品服务设施有待完善，物流体系有待加强，影响了农产品的市场竞争力。

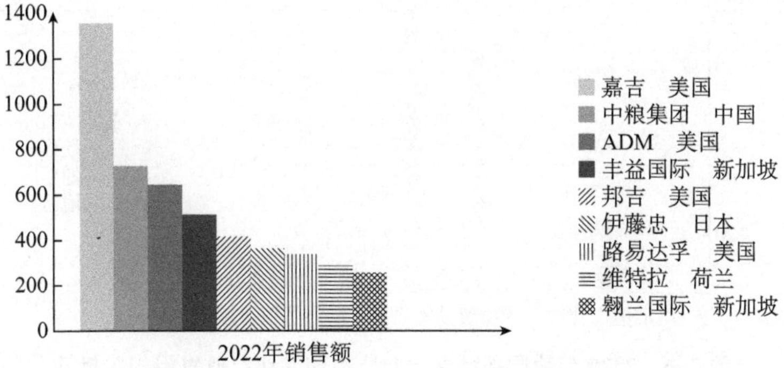

图 7-5 2022 年世界十大农商销售额排名

数据来源：ETC group Food Barons 2022

7.2.5 经济效应的区域差异较大

自加入世界贸易组织（WTO）以来，经过长期发展，中国的农业产品贸易主要集中在东部地区，这些地区的贸易量长期占据全国农业贸易总量的 80%以上。从省份来看，农业产品贸易额位列全国前五的省市有广东省、山东省、上海市、江苏省和天津市。到2021年，这五个省市的农业货物贸易额依次占到全国总额的18.9%、16%、11.6%、10.2%和7.2%，合计达到63.9%。在中国，中部、西部和东北地区的农业增加值在国民经济中的比重显著大于东部地区。尽管如此，这些地区的农业贸易对当地农业经济和农村民均收入增长的效益还未被充分开发。自2020年起，观察中部、西部和东北区域的第一产业（主要是农业）对国内生产总值（GDP）的带动作用，这些区域的占比分别为9%、11.9%和14.2%，而全国均值为7.7%，东部地区只有4.8%。尽管这些地区的农业在国内经济中占有一定比重，但在同一年度，它们在农业货物贸易额方面的表现却不及东部地区。在全国总额中的百分比各只有5.8%、9.6%和6.8%，远远不及东部的84.7%；农业的外向依存度也分别只有19.1%、18.5%和10.8%，远低于东部的53.4%和全国平均水平的26.4%。这些数据表明，尽管中部、西部和东北地区的农业增加值相对比较高，但农业贸易对经济拉动的价值和效果还有待挖掘（见图7-6）。

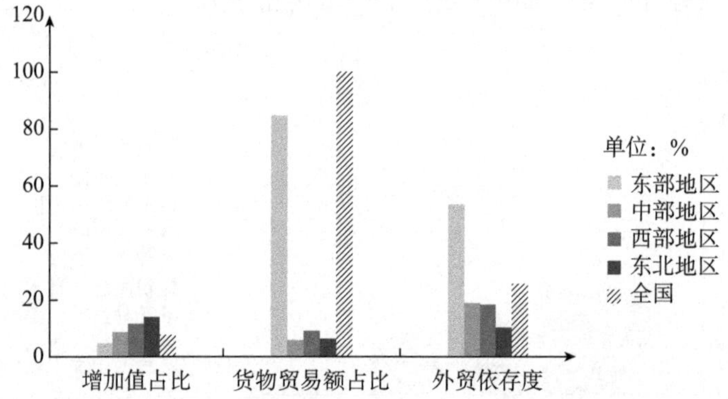

图7-6　2020年我国各地区农业贸易和农业产业发展相关指标

数据来源：根据国家统计局网站数据整理所得

7.3 我国农业贸易高质量发展的积极影响

7.3.1 促进农业贸易高水平发展

农业贸易高质量发展将使我国农业产品更多走上国际市场，改变我们在全球供应链中的劣势地位，并且将促使我国农业变得更开放和与国际接轨，从而可以在国际农产品贸易中掌握话语权。

表 7-4 我国农业货物贸易规模对比 （单位：亿美元）

年份	进口额	出口额	贸易逆差	进口额增长率
2016	1115	729	1385.8	1.60%
2017	1246	751	1248	11.7%
2018	1371	797	578	14%
2019	1500	791	709	10%
2020	1708	760	947	13%
2021	2192	835	1356	28.40%
2022	2360	982	1378	35%
2023	2341	989	1351	0.70%

数据来源：根据国家统计局网站数据整理所得

近年来，我国农业贸易适度、稳定增长（见表 7-4），不仅能够确保国内市场的长期稳定，满足人民群众对美好生活的期待，还能通过农产品出口为国家创造更多收入，推动农业农村发展迈向新高度。同时，农产品进口总量的稳步增加，通过引进国外优质农产品，不仅丰富了国内市场的选择，满足了消费者多样化、多元化的需求，还促进了国内外企业之间的竞争与合作，激发了国内农业贸易的深层活力，推动了产业升级和技术创新。

7.3.2 优化农业贸易结构

农业贸易高质量发展是推动产业升级和现代化建设的重要引擎，其核心在于构建多维协同发展体系。从产业结构优化视角来看，可通过以下几个方面实现：

一是促进贸易结构升级。从进口方面来看，通过引入优质农产品不仅丰富我国国内市场的产品种类、满足消费市场的多元化需求，更能形成“鲶鱼效应”，激发国内企业的质量竞争意识。以 2023 年海关数据为例，高附加值农产品进口占比提升至 38%，带动国内同类产品品质标准提升 27%，有效倒逼农业产业升级。从出口方面来看，出口更多高价值产品，并实现产品销量和收入持续增长，通过相关的科技创新和技术应用、通过改进产品的质量和加工工艺，打造品牌企业，可以增强我国农产品在国际市场上的竞争力，以此推动农业产业的优化升级。着力构建“技术+品牌”双轮驱动模式，依托数字农业、生物育种等技术创新，推动出口产品向精深加工方向转型。通过建设国家级农产品加工技术研究中心，推动深加工转化率提升至 65%以上。重点培育具有国际认证的龙头企业，形成区域性特色品牌矩阵，如广西的“中国糖都”、云南的“咖啡硅谷”等品牌集群，使农产品出口溢价能力提升 40%。这种双轮驱动的发展模式，将为我国农业贸易的国际化进程和现代化建设提供坚实保障，助力我国在全球农业贸易格局中占据更加有利的地位。

二是多元化市场布局。通过多元化市场开发、加强国际合作以及深度融入全球农业产业链，我国农业贸易能够逐步降低对单一市场的依赖，从而提升贸易安全性和抗风险能力。通过深度融入全球农业产业链，我国与“一带一路”沿线国家的农业贸易额从 2018 年的 420 亿美元增长至 2022 年的 680 亿美元，年均增长率达 12.5%。这种多元化布局不仅增强了贸易韧性，还为我国农业贸易的长期稳定发展奠定了基础。

三是服务与货物贸易协同发展。在农业服务贸易领域，随着结构的持续优化，农业货物贸易与服务贸易可以形成协同发展的良好格局。一方面，知识密集型农业服务贸易快速发展，2022 年，我国农业服务贸易总额达到 131.7 亿美元，其中知识密集型服务贸易占比大幅提升，为农业贸易转型升级注入了新动能。另一方面，农业货物贸易与服务贸易的深度融合与优势互补，不仅推动我国农业贸易实现高质量发展，更为中国农业现代化建设提供了有力支撑。我国农产品检测认证服务出口带动了相关农产品出口额增长，特别是在茶叶、水果等品类中，服务贸易的附加值贡献率超过 20%。这种深度融合不仅提升了我国农业贸易的整体竞争力，还为农业现代化建设提供了有力支撑。通过推动农业贸易高质量发展，提升我国农产品的国际竞争力，增强贸易体系的韧性和安全性，实现农业货物贸易与服务贸易的协同并进。

7.3.3　提振农业贸易发展动力

农业贸易的高质量发展不仅巩固了我国农业的基础产业地位，还提升了全球资源配置能力，构建了全球性贸易网络，这不仅促进了我国农业贸易的全面进步和持续增长，还会带动相关农业产业的协同发展。

一方面，农业贸易的高质量发展将催生新型农业商业模式和创新合作模式。2023 年，我国农业科技进步贡献率达到 63.2%，相较于 2012 年的 54.5%提高了 8.7%，农产品的生产更多依托于高科技、先进农业管理经验以及高素质农业人才，新型农业科技企业将不断涌现。这些新兴农业贸易要素不仅丰富了国内外市场的产品多样性，还推动了农业贸易的进步。

另一方面，农业贸易的高质量发展将促进具有国际影响力的行业贸易平台的形成。这些平台不仅为全球农业贸易发展提供专业服务，也成为我国农业贸易发展的里程碑。在此进程中，更多创新性的农业贸易生产和服务形态将应运而生，为农业贸易的持续稳定增长注入新的活力。

7.3.4　促进农业经济发展

农业贸易的高质量发展对农业、农民、农村领域具有深远影响，能够推动农业经济的发展、农村社会的持续进步和农民收入的稳步增长。一方面，实现农业贸易高质量发展，不仅有助于优化资源配置，还能通过协同合作增强发展动力，促进农业产业结构升级和农产品附加值提升，为农户创造更多增收机会。另一方面，通过加强农业贸易合作，可以增加农村地区的就业岗位，改善农民在农业贸易中的收益分配格局，推动乡村振兴和农业经济的高质量发展。这种均衡发展有助于缩小城乡间的经济差距，促进全国经济一体化进程，最终实现农民共同富裕和农村全面振兴的目标。

7.4 我国农业贸易高质量发展对策

7.4.1 完善贸易政策

为了更好地促进我国农业贸易高质量发展，政府应当完善农业贸易政策，简化出口手续、降低贸易成本，为企业提供更好的贸易环境。首先，政府可以通过财政补贴、税收优惠、信贷支持等方式，给予农产品生产和出口一定的扶持，降低生产成本，提高市场竞争力。加强对农产品市场的调研和信息服务，为农产品生产企业提供市场信息和预测，帮助企业了解市场需求，调整生产结构和策略，提高市场竞争力。其次，建立健全农业贸易法律法规体系，保护农业企业的合法权益，提高科技创新的实用性。从国家战略层面出发，对农业贸易的长期发展进行规划和设计，制定相应的政策措施，搭建农业贸易品牌发展体系框架，打造有利于农业贸易品牌发展的环境，以市场经济为支撑强化农业贸易品牌建设，投入更多资金用于支持优化农业贸易税收政策、做好贸易支持设施相关建设、优化农业金融信用贷款支持等工作，制定一系列一体化的扶持新型农业贸易经营主体发展的相关政策措施，以实现农业贸易的可持续发展。通过政策、法律和国际合作等手段，为农业贸易提供一个公平、透明、可预测的贸易环境，减少贸易壁垒和贸易摩擦，促进农业贸易的自由化和便利化。最后，政府需要加强各部门之间的协调和整合，形成政策合力，创造良好的政策环境和营商环境，促进农业产业的发展和壮大。

7.4.2 加强区域联动

当前，在农业贸易高质量发展过程中，呈现出了较大的东西部差距，因此，需要通过东西部地区的协同发展，缩小地区发展差距，实现资源共享，提高农业现代化水平，推动我国农业贸易的高质量发展。

首先，东西部共同市场开拓与贸易促进是推动区域经济协调发展的重要举措。东部地区凭借其成熟的市场网络和发达的贸易渠道，积极帮助西部地区将优质的农产品推向更广阔的市场。通过定期举办农产品展销会、贸易洽谈会等活动，加强东西部地区之间的农业贸易往来。这些活动不仅为西部农产品提供了展示平台，还促进了供需双方的直接对接，有效提升了西部农产品的市场竞争力。

其次，技术转移与人才培养是东西部合作的重要内容。东部地区可以向西部地区输送先进的农业科技和管理经验，通过教育和培训项目，帮助西部农民提升种植和养殖技术。这不仅能提高农产品的质量和产量，还能增强西部农业在国际市场上的竞争力，促使西部地区的农业现代化水平提升。

最后，信息共享与平台建设是促进东西部农业合作的重要支撑。通过推出农业资源交流共享平台，西部地区能够及时获取市场信息、价格动态和技术更新，从而更好地指导农业生产和销售策略，从而缩小区域差异。

7.4.3 深化国际合作

我国应积极推动国际自由贸易协定谈判与升级，加强与各国的农业经济、科技、文化、政策和法律等多维度的合作，以提升在全球农业贸易中的影响力。明确中国在全球农业发展中的定位，提升中国的话语权，巩固中国作为全球农业体系的积极参与者、关键建设者和共同改进者的地位。同时，应注重与欧美等发达地区市场标准的对接，充分利用自贸试验区和开发区的制度优势，持续优化营商环境。通过参与 WTO 改革、RCEP、CPTPP 等区域贸易协定，深化与主要农业贸易国在税收、非关税壁垒及技术性贸易措施方面的合作，推动建立统一标准、简化流程的非关税措施及技术标准互认体系，从而提升农产品贸易效率，推动农业生产要素的流动。

深化农业贸易国际合作对推动农业现代化、保障国家粮食安全以及应对国际政治经济格局变化具有战略意义。它不仅有助于推动农业相关产业的转型升级，提升农产品质量，促进科技创新，还能确保国际供应链的稳定，保障国内农业产业的可持续发展，为农业农村发展注入新动能，推动“三农”全局发展。

7.4.4 完善人才培养体系

加强农业贸易人才培养，需构建多层次、全方位的人才培养体系。首先，高校和科研机构应开设农业贸易相关专业课程，培养具备国际视野、熟悉国际贸易规则和农业政策的复合型人才。其次，政府、企业和科研机构应协同合作，搭建实践平台，通过实习、实训、国际交流等方式，帮助学生和从业人员深入了解全球农业市场动态、贸易政策及技术标准。同时，鼓励开展继续教育和职业培训，提升从业人员的数字化技能、外语能力及跨文化沟通水平，以适应农业贸易的国际化需求。最后，加强国际人才合作，推动国内外农业贸易经验的交流与共享，为农业贸易高质量发展提供坚实的人才保障和智力支持。例如，可以设立农业交流学者项目、农业技术和管理研讨会等，也可以在大学和研究机构中建立合作关系，这不仅可以提升农业教育和研究水平，还能培养未来从事国际农业贸易与合作的专业人才。

7.4.5 强化品牌建设

品牌建设对于提升国际消费者对中国农产品的信任至关重要。首先我国农产品国际竞争力的提高，农产品品牌的塑造，必须强化对农产品种植和生产过程的实时监控，确保产品品质达到国际认可的标准。随着科技的进步，消费者对产品质量的需求日益精细化，他们追求的是高品质、独特性和优越性。因此，农产品必须提升产品质量，缩小与国际标准的差距，以满足全球消费者多样的需求。同时，完善质量管理体系，包括生产规范、认证体系以及严格的监管机制，这是确保产品质量的基石，也是保障出口品质的关键。借鉴国际的成功品牌策略，我国农产品应明确出口与内销的品牌差异化定位，打造具有国际影响力的出口品牌，并维护内销市场的多样性和竞争力。通过科学规划、严格的质量管理以及有效的品牌策略，我国农产品将能够在全球市场上占据更有利的位置，实现产业升级和市场拓展。

其次，从顶级出口品牌的视角出发，打造稳固的市场形象和提升品牌识别度至关重要，以满足进口国的标准并快速占领全球市场。一是，通过对品牌故事的包装和运用营销战略，特别是在数字营销领域，使用社交媒体、搜索引擎优化和内容营销等工具，提高品牌的知名度和吸引力。故事化营销能有效传递品牌价值和产品背后的文化故事，给国际消费者留下深刻印象，促进农产品销售。二是，我国应推行“品牌联营生产”策略。我国农产品需大力推广品牌联营生产模式，挑选环境适宜的农产品产区，借助先进的加工技术生产高端农产品。这种联营生产模式能够提升农产品的生产效能，促进企业间的技术交流与互补，提升产品的附加价值，深化农产品的品牌影响力。三是，我国农产品要注重保护品牌，避免品牌形象受损。对于品牌出让方而言，要定期审查生产商所生产产品，确保相关产品质量达标，以此增强我国农产品的国际竞争力。

7.5　本章小结

研究农业贸易现状及对策对于适应国际国内发展环境、实现农业贸易转型升级、促进农业和农村经济全面发展具有重要意义。这不仅影响农业贸易的相关发展，也关系到国家总体发展的走向。当前，我国农业贸易存在个别农产品自给率低、贸易进出口地区不均衡、农业贸易竞争力较弱、缺乏具有国际话语权的农业贸易主体、经济效应的区域差异较大等五个方面的问题。为了更好促进农业贸易高质量发展，可以采取完善贸易政策、加强区域联动、深化国际合作、完善人才培养体系、强化品牌建设等方面措施，进一步提高我国农产品质量，增强农产品国际竞争力。

8　农村低收入人口监测预警与动态帮扶机制研究

在我国脱贫攻坚战取得全面胜利后，巩固拓展脱贫成果、防止规模性返贫已成为乡村振兴战略衔接期的核心任务。2020 年 12 月，中共中央、国务院发布《关于实现巩固拓展脱贫攻坚成果同乡村振兴有效衔接的意见》，明确提出以五年过渡期为窗口，系统构建脱贫攻坚与乡村振兴战略相衔接的政策框架，为守住防返贫底线提供制度保障。党的二十大报告进一步明确了“全面推进乡村振兴”的战略目标，强调在全面建设社会主义现代化国家进程中，农村地区仍是实现全体人民共同富裕的主战场，而低收入群体作为发展短板，亟须通过制度创新破解多维贫困问题。当前，农村低收入人口占比约 22%，集中于资源禀赋薄弱区域，面临人力资本匮乏、家庭负担重、增收渠道单一等结构性困境，叠加疾病、灾害、产业波动等外部风险，返贫致贫压力持续存在。尽管乡村振兴部门已建立覆盖 600 万人的防返贫监测机制，民政系统亦通过全国低收入人口动态监测平台整合 6300 万人口信息，但两套体系在认定标准、政策衔接和跨部门协作中仍存在壁垒，导致帮扶资源分散、精准性不足。与此同时，大数据技术为动态监测提供了工具支撑，但如何构建常态化、多维度的预警模型，并实现从“输血式”帮扶向“造血式”治理转型，仍是理论与实践亟待突破的难点。在此背景下，急需构建低收入人口精准识别与常态化帮扶机制，通过动态监测、分层分类救助及利益保障体系，筑牢兜底性民生安全网，确保农村低收入群体在乡村振兴进程中共享发展成果，从而实现农民农村共同富裕的目标，真正实现农民富、农业强、农村美。从理论层面来看，目前的研究主要集中在宏观理论的探讨，而对微观区域返贫现象的本质问题缺少研究。受各地区经济社会基础、资源环境、文化等多维因素的影响，不同地区返贫因素存在差异。因此，聚焦不同区域，做到因地制宜，是后续研究的重要方向之一。开展针对农村低收入人口监测预警与动态帮扶的研究，构建持续增收的长效机制，对提升农村居民整体生活质量、减少贫富差距、实现全面脱贫与乡村振兴有效衔接有现实意义。

本研究通过系统梳理防返贫监测与低收入人口帮扶两套政策体系的运行逻辑，揭示其在对象识别、风险阈值设定及救助圈层划分中的理论差异，可为完善低收入人口动态监测的理论框架提供依据。同时，探索公共政策、社会保障与数据科学的多学科交叉路径，推动乡村振兴领域从“碎片化治理”向“系统性协同”的理论创新，进一步丰富共同富裕目标下的反贫困理论内涵。从实践层面来看，研究聚焦政策衔接机制优化，通过统一低收入人口认定标准、整合民政与乡村振兴部门数据资源，可有效提升帮扶政策的覆盖精度与执行效率，为守住不发生规模性返贫底线提供制度保障。此外，构建分层分类救助体系能够增强低收入群体抵御经济波动与突发风险的能力，缓解地方财政压力。从长远看，该机制通过激发内生发展动力，可促进城乡公共服务均等化，为乡村振兴战略实施与农民农村共同富裕的实现奠定基础。

8.1　完善农村低收入人口返贫监控预警机制

目前，各地政府已初步构建了“农户自主申报—基层干部排查—部门数据比对预警—社会信访信息补充”四位一体的低收入人口动态监测预警机制，旨在为实现农民农村共同富裕提供制度保障，助力乡村振兴战略的全面实施。当农户因重大疾病、意外事故等突发性致贫因素导致收入水平显著下降时，可依据既定程序向村级自治组织提出监测帮扶申请。基层干部遵循“月走访、季排查、年动态”的常态化工作机制，通过月度入户走访、季度重点排查以及年度全面摸排，系统性地掌握农村居民收入变动趋势。乡村振兴局依托大数据共享平台，运用多源数据融合技术对各部门预警信息进行智能化比对和筛选，并通过信息化平台实现预警信息的纵向贯通与横向协同。基层治理主体及时开展入户核实工作，对识别出的高风险群体实施动态监测和协同干预，采取精准化帮扶措施以化解返贫风险。同时，政府部门通过构建多元化信息采集渠道，利用媒体、信访、政务信箱、网络平台等完善风险预警线索的发现与核实机制。在此基础上，各地积极探索促进农民农村共同富裕的实现路径，通过培育特色优势产业、创新农村集体经济发展模式、完善利益联结机制等系统性举措，着力拓宽农民增收渠道，缩小城乡收入差距，推动发展成果普惠共享。然而，实证研究表明，在后过渡期背景下，该监测预警机制在风险识别的精准性、帮扶措施的针对性以及制度运行的可持续性等方面仍存在优化空间，因此需要进一步健全政策体系、完善工作机制、强化资源整合，以持续提升农村低收入人口监测帮扶效能，扎实推进农民农村共同富裕目标的实现。

8.1.1 完善低收入人口识别机制

在进行农村低收入人口识别方面应注意两个方面：一是需完善返贫风险人口识别标准；二是需加强各级干部对风险识别能力的培训，构建一支有能力、有责任心的队伍。

第一，在识别返贫风险人口时，不能仅以农户收入水平作为唯一评价标准。这是因为收入水平虽然能够反映农户当前的经济状况，但无法全面反映其面临的潜在风险。除了农户人均纯收入外，还应结合致贫风险的四大因素来确定风险指标特征。因此，在参考收入指标的同时，还需将以下因素纳入返贫风险识别标准：子女接受非义务教育、遭遇自然灾害、年龄超过 60 岁、遭受重大意外变故，以及患重大疾病、慢性病或残疾。这些因素能够更全面地反映农户面临的返贫风险，尤其是那些收入水平暂时达标但抗风险能力较弱的家庭。当农户同时满足收入指标和至少一项上述指标特征时，应将其纳入监测对象。这一机制能够确保识别过程的精准性和全面性，避免遗漏潜在的高风险群体。农村低收入人口监测应是一个动态调整的过程，一旦监测对象通过政策扶持或自身努力实现收入稳定并消除风险，应及时将其从帮扶名单中移除，以优化资源配置。

第二，要构建一支具备专业素养和责任担当的工作团队。通过建立覆盖村、镇、县、市四级的信息员网络体系，形成自下而上的信息采集与监测机制。信息员定期收集低收入农户的生活状况数据，包括收入水平、就业情况、医疗保障等关键指标，并将这些数据汇总至统一的返贫风险预警评估模型中。通过大数据分析和智能算法，系统能够精准识别出存在返贫风险的家庭，并及时发出预警信号，为后续帮扶措施的制定提供科学依据。与此同时，必须加强各级干部的能力建设，特别是针对返贫风险识别和帮扶政策落实的专项培训。对于新任乡村干部，需重点强化实务指导，确保其熟练掌握政策标准、工作流程和操作规范。此外，还应建立常态化的考核机制，定期评估基层工作人员的业务能力，确保低收入人口监测帮扶机制真正落到实处，防止低收入农户因各种原因再次陷入贫困。

8.1.2 完善信息监测预警机制

信息监测预警机制应当构建宏微观协同的双层架构体系，既要建立微观层面的精准监测网络，对农村地区低收入人口进行动态跟踪和实时数据采集，又要完善宏观层面的预警分析系统，通过大数据分析和风险评估模型，及时识别区域性、系统性返贫风险。要建立信息共享机制，实现微观信息监测数据与宏观预警系统的有效衔接，形成“监测—预警—处置”的完整闭环，为巩固脱贫攻坚成果提供科学依据和决策支持。

（1）微观信息监测

微观信息监测主要通过村民主动上报和村级干部排查的方式，监测健康状况、劳动力状况、文化素养、劳动能力、收支情况、思想意识以及遭受重大变故等重点致贫返贫风险因素。其中，健康状况可以通过患病情况、患病人数等信息进行反映；劳动力状况可以通过劳动力性别、年龄以及劳动力占比等信息进行反映；文化素养可以通过受教育程度和接受知识技能培训的情况来反映；劳动能力可以通过技能掌握情况来反映；收支情况可以通过年收入水平、收入来源渠道、大额支出及收支比等进行反映；思想意识可以通过监测户参加技能培训的愿意度以及就业的愿意度来进行反映；遭受重大变故主要通过意外伤亡情况以及经营失败情况来进行反映。各级信息员跟踪监测到的信息大数据，自下而上报送，将监测到的低收入农户数据汇总发现风险后上报县乡进行对比审核，实现低收入农户生活质量信息大数据的实时有效收集和传递监测。确认风险后对其采取相应干预帮扶措施，实现未贫先防，阻断返贫现象的发生。

（2）宏观信息监测

宏观风险预警主要是以各级乡村振兴局为主体，整合农业、气象、民政等多部门行政资源，构建一个多维度的宏观风险监测网络。其监测对象可划分为两个部分：一是，包含自然生态、制度环境和社会资本等结构性要素的农村发展环境监测体系，这些要素具有持续性和内生性特征，直接影响区域农村经济的可持续发展能力；二是，针对自然灾害、市场波动和突发公共事件等外生冲击的应急监测体系，这类因素具有显著的不确定性和破坏性特征。

农村环境监测是对可能会制约农户收入增长，导致农户返贫的自然环境因素、社会环境因素、制度环境因素进行持续监测。自然环境因素的监测主要集中在两个方面：一是要对农村的自然资源利用状况进行持续监测，二是要对环境的承载能力进行持续监测。既要确保能够发挥资源优势，合理利用自然资源，又要落实可持续发展理念，避免过度开发破坏自然承载力。社会环境监测主要体现在基础设施环境和人文社会环境两方面。在监测时要关注道路交通、水利水电、网络通信等基础设施建设和改善情况，也要覆盖帮扶项目的数量、专项资金的使用、政策性贷款的落实、就业岗位的提供等人文社会环境。制度环境监测主要针对帮扶政策落实情况及实施效果进行监测。

突发外部冲击性事件监测体系是巩固脱贫攻坚成果、防范返贫风险的重要机制。该体系主要聚焦于可能引发农户致贫风险的各类突发事件，通过建立多维度、全方位的监测网络，实现对潜在风险的早期识别和预警。其监测范围涵盖自然灾害、市场波动、就业形势变化、公共卫生危机以及家庭成员突发意外事故等多维度风险因素。具体而言，自然灾害监测包括洪涝、干旱等极端天气以及地震等地质灾害；市场环境监测重点关注农产品价格波动、生产资料成本变化等经济因素；就业监测着重跟踪外出务工人员的就业稳定性；公共卫生监测主要针对重大传染病疫情等突发公共卫生事件；家庭意外监测则包括重大疾病、交通事故等可能造成家庭经济困难的事件。

8.1.3 完善监督反馈机制

为进一步提升农村低收入人口监控预警机制的能效，防止因基层干部履职不力或弄虚作假导致监测帮扶措施落实不到位等问题，政府需建立健全监督反馈机制。该机制应从督导检查和公众监督两个维度展开：一方面，县市级相关部门应组建专项工作组，通过实地走访、业务指导等方式定期开展督导检查，重点针对返贫风险人口识别认定、监测信息采集反馈、帮扶政策落实等关键环节进行督查，发现问题立即督促整改，确保各项措施有效落地；另一方面，应充分利用信访渠道、领导信箱、新闻媒体等平台，广泛发动社会力量参与监督，及时发现工作漏洞，吸纳群众意见建议，持续优化返贫监控预警工作体系。

8.1.4　构建动态评估机制

动态评估机制的构建主要是针对整个监测预警机制进行全面而科学的评估。其内容主要是在于对低收入农户返贫数据的真实性、返贫程度的高低测度和识别程序的合理性等方面，由第三方机构与监测部门自身相结合定期开展动态化评估工作。通过动态评估机制可以促使监测部门查漏补缺，也可以对整个监测预警机制运作过程进行监督，确保其有效运行。因此，动态评估机制的构建对于完善返贫监测预警机制具有重要意义。

在动态评估过程中，首先，对于被确认为返贫但还未实际采取对应帮扶措施的家庭，应当督促帮扶干部、帮扶部门及时采取与之相适配的帮扶措施，发挥相应帮扶机制的作用，避免各部门不作为的行为。其次，对于动态评估确认不属于返贫的家庭，相关部门确定其稳定增收后，将其从监测预警机制的运作流程中退出，并检查监测预警机制的运行过程是否有疏漏，进一步丰富和完善监测预警机制。

8.2　构建农村低收入人口动态帮扶机制

8.2.1　产业帮扶

产业帮扶主要是通过产业振兴，增加农村地区的就业创业渠道，给监测户创造本地就业机会，有助于监测户增加收入来源，同时产业发展溢出效应也能带动当地低收入农户致富的积极性，使其能够从产业发展中受益。产业帮扶要从发展特色产业、发展新型农业经营模式、优化产业结构等方面出发。

首先，利用当地优势资源发展特色农业产业。政府应加强对农村特色农业产业发展的政策引导和资金支持，鼓励农户积极参与种植，形成规模优势，提高农户农业收入。与此同时，通过结合优势资源创建特色产业品牌打造“一村一品”，在发挥品牌优势的同时延长产业链，提高特色产品的附加值，使得农户能够获得更多的收益。

其次，发展新型农业经营模式。可以采用“项目公司+龙头企业+农户”的合作模式，由政府牵头，引进龙头企业，建立完整的特色农业产业链，进一步增强产业的发展后劲。通过产业的新布局新模式，带动农户积极参与种植，通过农户技术培训及特派技术员现场指导等方式，加快现代化农业生产技术的推广和应用，提高农业科技服务农业产业发展的效能，培养一批有文化、懂技术、会经营的新型农民，构建产业帮扶到人入户的新模式，推动当地特色农业产业实现高质量发展。通过扶持农业龙头企业、农业合作社、家庭农场、专业大户等新型农业经营主体，在带动当地就业的同时，利用财富的示范效应激发低收入农户参与生产的积极性，使其能共享产业发展成果。

最后，优化产业结构，通过多种产业形式进行产业帮扶。通过招商引资建设“卫星”工厂、发展乡村旅游项目等，扶持二、三产业的发展，优化当地产业结构，带动区域经济发展，提升当地居民收入。除此之外，还可以通过发展农村电子商务和电商直播，培育发展乡村新产业新业态，帮助农户拓宽销售渠道，实现稳定增收。

8.2.2 金融帮扶

金融帮扶主要针对一些有贷款意愿、发展能力、知识技能和一定还款能力的监测户，通过为其提供小额信贷、低息贷款等资金支持，使其能够有资金购买生产资料从事生产活动，进而解决因资金短缺而发展受限的问题。一方面，要加大金融帮扶政策的宣传和解读，摸排农户的信贷需求。充分利用明白卡张贴、走访式排查、宣讲等多种方式，依托农村各级干部的力量，对金融帮扶政策再宣传，全面宣传小额贷款政策，使农户能够充分了解相关政策，同时相关部门通过细致摸排小额信贷需求，确保有贷款需求且符合贷款条件的低收入农户“应贷尽贷”，避免出现农户的生产资金短缺问题。另一方面，推深做实部门协商联动，分析研判户内资金需求，建立小额信贷台账，做到部门数据比对与实地走访核查相结合，切实提高放贷效率和质量，确保小额信贷发放精准。

8.2.3 市场帮扶

市场帮扶主要面向具备生产能力但销售渠道有限或市场抗风险能力较弱的

监测户。当监测户因缺乏销售渠道或受市场波动影响导致产品滞销时，可采取定向销售、拓展销售渠道等帮扶措施。具体而言，一方面，地方政府可牵头动员企事业单位、援疆省市等社会力量，组织采购农村的农产品，帮助监测户解决因销路不畅或产品滞销导致的增产不增收问题。另一方面，有条件的地区可通过发展电子商务、乡村旅游、采摘节等多元化方式，助力农村地区开拓市场、拓宽销售渠道，最终实现农户增收致富。此外，还可通过加强品牌建设、提升产品质量、开展技能培训等方式，进一步增强监测户的市场竞争力。同时，鼓励企业与农户建立长期稳定的合作关系，形成产销对接机制，降低市场风险。通过多措并举，不仅能够帮助监测户稳定增收，还能促进乡村产业振兴，实现可持续发展。

8.2.4 就业帮扶

首先，就业帮扶主要面向具备劳动能力但缺乏相应技能或就业渠道的监测对象。当监测对象面临就业困境时，需要通过提供知识技能培训和劳动技能提升课程，以增强其可持续发展能力。对于因教育水平限制难以从事非农工作的青壮年劳动力，政府部门应根据其个人特点设计精准培训计划，不以获取技能证书为唯一目标，而是以实际技能掌握为衡量标准，鼓励他们在本地学习实用技能。此外，随着互联网技术的广泛应用，应加强对监测对象的基础互联网技能培训，使他们能够利用网络获取劳动市场信息和在线教育资源，从而更便捷地实现就业。尤其是对于偏远地区的监测户，可以通过远程教育、线上培训等方式，打破地域限制，提升其就业竞争力。同时，政府还应积极搭建就业信息平台，为监测户提供更多就业机会和岗位，并通过与企业合作，开发适合低技能劳动力的岗位，帮助他们实现稳定就业和长期发展，从根本上提高其生活质量和收入水平。除此之外，鼓励监测户通过自己的双手劳动致富，提高到企业中工作的意愿和主动性，发挥劳动致富的智慧和技能，增强自我生活能力和信心，家庭中一人就业，可让多口之家生计更有保障，因为物价上涨、贫困线标准调升，就业岗位工资最终也会同步增加，降低返贫的可能性。

其次，政府根据地方特色适当发展劳动密集型产业。企业具有持续在劳动市场中雇佣劳动力的需要，政府通过产业的发展吸引企业的入驻，并通过税收优惠政策或补贴等形式鼓励企业积极参与减贫工作，在招聘员工时优先吸纳低收入人口，给监测户、边缘户家庭的劳动者创造就业增收的机会。除此之外，政府还可以通过统筹当地扶贫项目、基础建设项目等用人需求，帮助监测户实现就业，增加收入。

最后，要完善市场化就业机制。在现实中一些企业对就业帮扶工作存在一些顾虑，担心由政府安排下来的农村困难人群到企业就业人数过多或出现违纪违章，给企业劳动纪律、工作规范、生产经营带来冲击。例如，在与驻村工作队干部座谈时，有干部提到有部分农户被安排到就业岗位后，经常因各种理由不遵守企业的工作纪律出现旷工的行为，一方面影响了企业的正常生产，另一方面违反纪律，工资被扣后，家庭收入也没有增加。因而，需要完善市场化就业机制，以避免政府摊派就业岗位使企业产生一些难以辞退的难题，满足企业对劳动力真实需求的同时便于企业管理。市场化就业机制中，在企业提供动态化劳动需求的基础之上，政府采取牵线搭桥和监督管理的措施，让用工企业和帮扶人群在岗位、工资、合同期限等方面实现完全市场化，政府通过对企业和劳动者的监督管理，保障企业和劳动者各方的合法权益。

8.2.5 思想帮扶

思想帮扶重在“扶志”，主要针对有劳动能力但是游手好闲、思想保守、观念陈旧的农户。目前，在调研中发现，部分农村地区的青壮年低收入群体收入增长受限的主要原因在于思想观念滞后、缺乏进取精神，普遍存在依赖心理和消极怠惰的生活态度。他们安于现状、不愿付出努力、过度依赖外部援助，且忽视子女教育的重要性，这些因素共同导致其家庭长期处于低收入状态，难以实现经济状况的改善。针对这部分群体，村干部及驻村工作队应注重思想引导，帮助部分不愿就业的农户树立正确的就业观，从思想上引导其勤劳致富，依靠双手改变自己的生活面貌。首先，通过对惠农政策、农村创业就业政策等的宣传，让农户感受到国家的重视，增强低收入农户致富的信心。其次，政府应合理规划“帮扶车间”和“帮扶工场”，以乡镇为单位发布区域内的就业信息，组织困难农户参加劳动并进行实时监督，确保群众实现稳定就业。

8.2.6 教育帮扶

教育帮扶重在“扶智”，主要针对家中子女较多，抚养比高，因教育支出压力大导致返贫的群体。目前，南疆居民对子女教育的重视程度已逐渐提升，对义务教育阶段以后的教育的需求在不断攀升。由于存在家庭思想观念相对落后、没有能力辅导孩子学习等等原因，低收入农户家庭孩子的学习成绩往往弱于其他家庭孩子，这就导致低收入农户的下一代在人力资本上落后于其他家庭的孩子，造成贫困的代际传播。因此，教育部门要精准识别低收入农户家庭孩子的学习情况，改善处在义务教育阶段的困难户子女在校的营养，对有需要帮助的，通过托管等形式，利用晚自习和假期时间对其进行辅导，帮助其提高学习能力和改变生活习惯。在针对非义务教育阶段学生在学习能力方面帮扶的同时，在经济上给予适当支持，协助其办理助学贷款顺利完成学业，避免其家庭因教育开支而返贫。并通过助学金、奖学金等形式激励鼓励困难户子女通过刻苦学习增长才干，改变家庭的命运，阻断贫困代际传播。

8.2.7 综合保障政策兜底

综合保障政策兜底主要是针对家庭有特殊困难的农户。首先，针对这类群体帮扶要将低保、医保、养老保险、特困救助、临时救助等综合保障政策持续落实到位。尤其是丧失劳动能力的老弱病残群体，他们无法通过产业帮扶、就业帮扶摆脱困境，对于这类特殊群体要实现应保尽保，保证兜底保障政策力度不放松。其次，在基本保障落实到位的基础之上，以补贴的形式鼓励农户购买大病保险及意外险以降低由意外事件及重大疾病导致的家庭返贫风险。

8.3 农村低收入人口监测预警与动态帮扶结合

8.3.1 监测预警与动态帮扶有机结合

监测预警和帮扶机制不能脱轨，必须使其有机结合才能更好地发挥作用，真正实现巩固脱贫成果的目的。在构建农村低收入人口监测预警与帮扶动态机制时，首先，要根据低收入人口识别标准，通过宏观和微观数据监测，将满足条件的农户纳入监测群体中；其次，确定其满足风险因素，及时响应帮扶，采取针对性的帮扶措施，使其能及时摆脱困境，尽早阻断返贫；最后，在持续监测过程中进行动态评估，对未能稳定增收的群体继续进行监测和帮扶，而通过评估确认不再具有收入降低风险的，应将其界定为稳定增收后退出监测。只有利用监测预警机制“查病症、找病因”，结合响应帮扶机制“对症下药”，才能实现“药到病除”的效果。

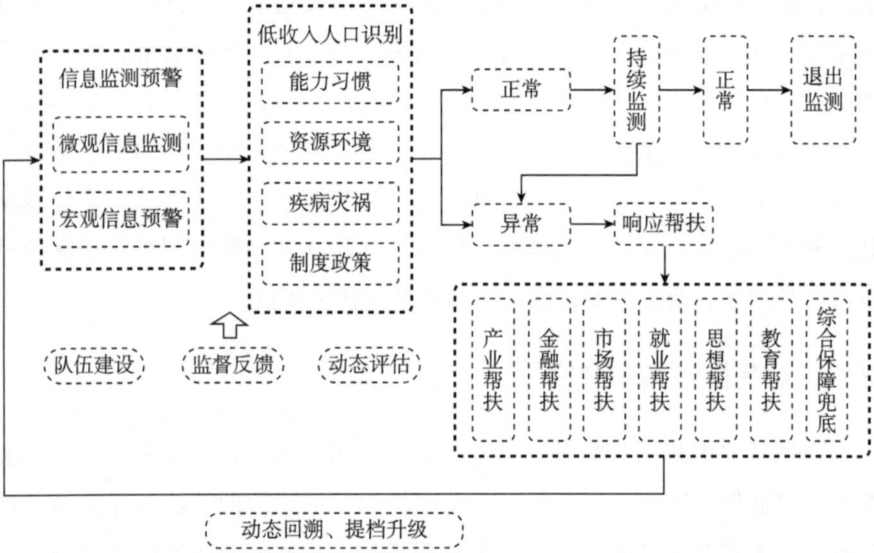

图 8-1　农村低收入人口监测预警与动态帮扶机制运行流程

8.3.2　构建动态回溯机制

为持续巩固脱贫攻坚成果，在实施监测预警与动态帮扶相结合的基础上，需建立健全监测对象回溯机制。虽然通过帮扶支持使监测群体原有问题得到解决，但仍可能因新问题出现或贫困标准调整而再次面临返贫威胁。因此，在构建农村低收入人口监测预警和动态帮扶机制时，应形成“监测预警—风险干预—效果评估—持续监测”的闭环管理机制。通过这一循环往复的过程，推动农民收入稳步增长，实现巩固拓展脱贫攻坚成果与乡村振兴战略的有效衔接，最终形成农村地区的良性发展循环，推动实现农民农村共同富裕。

8.4　本章小结

解决民生问题、改善收入分配一直以来都是我国工作的重点。农村作为我国扶贫开发的主战场，其民生和发展也关系到乡村振兴的实现、区域经济的发展。通过建立健全监测—帮扶—回溯的农村低收入人口动态监测和帮扶机制，形成长效保障机制，有助于持续巩固来之不易的成果，有益于保障农村民生问题，推进与乡村振兴战略的有效衔接，促进区域经济发展，实现共同富裕这一最终目标。

9 农村居民生计可持续发展研究

南疆四地州是我国的“三区三州”的重要组成部分，既是新疆扶贫的重点特困连片区，也是典型的少数民族聚居区。其自然禀赋极差，地理位置偏远，交通等配套的基础设施薄弱，区域性整体脱贫任务十分艰巨。习近平总书记曾多次来到新疆调研，与各族干部群众共同讨论致富的方法和路径，开出一张张“良方”，推动新疆各项事业快速发展。积极推动“全面建成小康社会，一个少数民族也不能少。”自治区党委和各自治州政府认真贯彻总书记关于扶贫工作重要论述和党中央决策部署，围绕“两不愁三保障”核心目标，深入实施“六个精准”举措，扎实推进“七个一批”工程，全面落实“三个加大力度”要求，构建起自治区统筹协调、地县具体落实、乡村组织实施，纵向贯通地县乡村、横向覆盖各部门的脱贫攻坚责任体系，与贫困问题展开坚决斗争。2020 年底，新疆如期打赢脱贫攻坚战，全区 306. 49 万农村贫困人口全部脱贫，3666 个贫困村全部出列，35 个贫困县全部摘帽，历史性地解决了绝对贫困问题。然而，南疆地区农村经济发展成果仍显脆弱，虽然通过脱贫攻坚有效解决了短期收入问题，但受限于能力建设、生活习惯、产业发展等多重因素，农村地区和农村人口的内生发展动力仍需持续激发，返贫风险依然不容忽视。要健全和完善防止返贫的监测与帮扶机制，持续推进全面脱贫与乡村振兴的有效衔接，重点增强内生发展动力与活力，确保农村经济的可持续性和发展潜力。巩固和拓展脱贫攻坚成果，是实现乡村振兴与共同富裕目标的关键。因此，如何将脱贫成果与乡村振兴有效衔接，以及如何实现农民农村共同富裕，都是未来一段时间内需要深入研究和探讨的重要课题。

贫困治理问题关系到新疆各族人民的生活质量，关系到社会稳定和长治久安。部分南疆四地州农村地区由于交通、基础设施、发展观念、资源禀赋等原因，部分农户生活水平依然没有得到很好改善。现阶段，国内学者对乡村振兴等方面的研究，取得了丰硕的研究成果，但是，仍存在一些问题需要更加深入剖析。首先，从理论层面来看，目前的研究主要集中在宏观理论的探讨，而对微观区域返贫现象的本质问题缺少研究。由于各地区在经济社会基础、资源禀赋、环境条件和文化传统等方面存在显著差异，不同地区的返贫风险因素呈现出明显的区域特征。因此，开展因地制宜的区域性研究，特别是针对重点地区农村居民生计可持续发展的研究，是当前的重要研究方向。从区域视角来看，边疆地区由于地理位置偏远、调研条件受限，相关研究仍较为匮乏。南疆四地州作为“三区三州”的重点区域，曾是新疆脱贫攻坚的主战场。所以将研究视角聚焦于南疆地区，深入开展当地农村居民生计可持续发展的研究，构建科学有效的农户增收长效机制，对于提升新疆居民整体生活水平、缩小区域发展差距、推动拓展脱贫攻坚成果同乡村振兴有效衔接、实现农民农村共同富裕具有重要的实践意义。

9.1　南疆四地州农村地区发展成效分析

9.1.1　南疆四地州总体发展情况

为了确保脱贫攻坚战的胜利，自治区实施了“七个一批”扶贫工程，并通过“三个加大力度”政策，显著增加了基础设施建设的投资。同时，各地政府通过统筹社会帮扶力量，采取了社会保障兜底，产业帮扶和就业帮扶等各类帮扶措施共同推进的方式，帮助南疆四地州 1962 个深度贫困村、162. 75 万深度贫困人口脱贫，最终取得了可喜的成绩。在党中央、自治区党委及各地政府的领导下，通过各方共同努力，南疆地区脱贫攻坚成效突出，南疆四地州脱贫人数逐年递增，贫困发生率大幅度下降。最终在 2020 年区域内所有贫困县实现整体摘帽，深度贫困人口全部脱贫，群众的生活环境和生活质量得到显著提升，为新疆全面建成小康社会奠定了坚实基础。近年来，在自治区政府的大力扶持下，南疆四地州经济取得了长足发展，结合南疆四地州的区域特征与历史致贫因素，下面从经济发展、资源环境这两个方面分析该地区的发展现状。

（1）经济发展

从经济总量来看，近年来，南疆四地州经济呈增长趋势，但相比于北疆地区总产值依然较低。国家统计局和新疆统计局发布的公开数据显示，2022 年南疆四地州 GDP 为 3815. 77 亿元，占新疆 GDP 的 21. 51%。其中，喀什地区 GDP 达到 1368. 56 亿元，和田地区 GDP 为 490. 55 亿元，阿克苏地区 GDP 为 1739. 54 亿元、克州 GDP 为 217. 12 亿元，相比 2021 年分别增长了 3. 1%、4. 4%、5. 5%、2. 7%。从人均 GDP 来看，2022 年喀什地区、和田地区、阿克苏地区和克州分别为 2. 87 万元、1. 96 万元、5. 72 万元、3. 5 万元，虽然较 2021 年均有增长，但仍明显低于新疆全区平均水平的 6. 86 万元，经济发展水平与北疆地区相比仍存在较大差距。

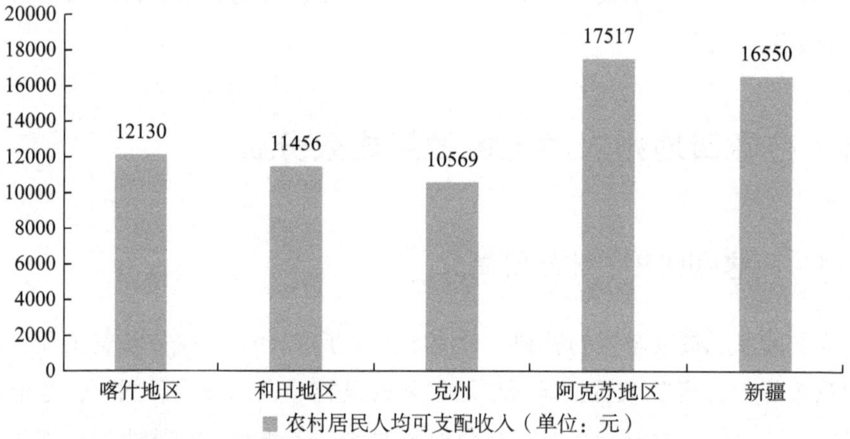

图 9-1　2022 年南疆四地州农村居民人均可支配收入

数据来源：《新疆统计年鉴》

从农村居民收入角度来看，在各地政府的有力帮扶下，南疆四地州农村居民人均可支配收入实现了快速增长。如图 9-1 所示，2022 年，喀什地区农村居民人均可支配收入达到 12130 元，和田地区为 11456 元，克州为 10569 元，阿克苏地区则高达 17517 元。与 2021 年相比，这些地区分别实现了 7. 8%、8. 0%、7. 0%和 6. 2%的显著增长。这一增长不仅反映了地方政府在推动农村经济发展、改善民生方面的积极成效，也体现了各项扶贫政策和乡村振兴战略的落地实施效果。

尽管南疆四地州的农村居民收入增速较快，但与新疆其他地区相比，仍存在一定差距。除阿克苏地区外，喀什、和田和克州的农村居民人均可支配收入均低于新疆农村居民人均可支配收入 16550 元的平均水平。这一差距表明，南疆四地州在经济发展、产业结构调整、基础设施建设等方面仍有较大的提升空间。政府仍需要进一步加大对南疆地区的政策支持和资金投入，推动当地特色产业发展，提升农村居民的就业机会和收入水平，逐步缩小区域间的发展差距，实现共同富裕的目标。

（2）资源环境

南疆四地州大部分县都存在自然资源匮乏、气候环境恶劣的问题，土地荒漠化、盐碱化相对严重，气候干旱少雨。这就导致了南疆四地州耕地资源不足，水资源短缺。从耕地资源来看，虽然南疆四地州土地面积有 106 万平方公里，但是，绿洲面积仅有 8 万平方公里，这就使得可耕地面积相对不足。第三次全国国土调查数据显示，南疆四地州耕地面积 3392.84 万亩，只占新疆总耕地面积的 32.16%，人地矛盾相对突出。

南疆地区作为典型的干旱半干旱区域，水资源稀缺问题尤为突出。根据气象站点多年实测资料分析，该地区年平均降水量仅为 120 毫米左右，且时空分布极不均衡。从空间分布来看，降水主要集中在天山、昆仑山等山区地带，而塔里木盆地等主要农业区降水量普遍不足 50 毫米；从时间分布来看，降水多集中在 6—8 月，与农作物需水高峰期存在错位。这种水资源禀赋与农业生产需求之间的结构性矛盾，制约着南疆农业的可持续发展。

为应对水资源短缺挑战，南疆四地州近年来大力推进农业水利基础设施建设。通过实施“以水定地”的发展策略，重点加强水利工程建设和节水技术推广，且取得了显著成效。截至 2020 年底，南疆地区已建成农村集中式供水工程 1063 处，建成各类水库 138 座，初步形成了较为完善的水利工程体系。在节水灌溉方面，《2021 年新疆统计年鉴》数据显示，南疆四地州农用节水灌溉机械拥有量达 5759 台，其中喀什地区 1716 台、和田地区 1372 台、克州 8 台、阿克苏地区 2663 台，总量仅占全疆的 8.85%，但通过科学配置和高效利用，2020 年实现节水灌溉面积 961.98 千公顷，占新疆节水灌溉总面积的 32.4%。具体来看，喀什地区节水灌溉面积 317.99 千公顷，和田地区 179.49 千公顷，克州 28.62 千公顷，阿克苏地区 435.88 千公顷。水利设施的建设与完善，不仅显著提高了水资源利用效率，还带动了农业生产方式的转型升级。

农业机械化水平是衡量区域资源利用效率的重要指标之一。从农业机械化发展现状来看，在国家政策支持和资金投入的推动下，南疆四地州的农业机械化水平近年来虽有所提升，但受制于地理环境、经济基础等因素，与新疆整体平均水平相比仍存在一定差距。截至2021年底，喀什地区农业机械总动力达到515.50万千瓦，较上年增长0.63%；和田地区农业机械总动力为122.29万千瓦，同比增长3.7%；克州农业机械总动力为54.39万千瓦，同比微降0.04%。数据表明南疆四地州的农业机械化发展呈现不均衡态势。

9.1.2 南疆四地州农村经济发展效果

（1）农村居民人均可支配收入大幅提高

自治区政府通过“七个一批”具体举措，持续加大扶贫力度，有效促进了农牧民脱贫致富，南疆四地州农村居民可支配收入增幅明显（见图9-2），2017—2022年，喀什、和田、克州、阿克苏的农村居民人均可支配收入分别从8013元、7741元、6524元、10982元增加至12130元、11456元、10569元、17517元，增长率分别达到51.38%、47.99%、62%、59.51%。其中，克州、阿克苏地区增长幅度最大，实现了年均增长10%左右，而喀什地区和和田地区增幅较小，但也达到了年均增长8%左右。

虽然近年来南疆地区农村居民人均可支配收入实现了大幅提升，但从全疆乃至全国范围来看，其收入水平仍处于相对落后的位置。2022年的统计数据显示，南疆四地州中，阿克苏地区农村居民人均可支配收入为17517元，略高于新疆平均水平的16550元，但喀什地区（12130元）、和田地区（11456元）和克州（10569元）均显著低于全疆平均水平。更值得注意的是，南疆四地州的收入水平与全国农村居民人均可支配收入17734元的水平相比存在明显差距，其中喀什、和田和克州的收入仅相当于全国平均水平的68.4%、64.6%和59.6%。这种收入差距反映出南疆农村地区在经济发展、产业结构和就业机会等方面仍面临诸多挑战，需要进一步加大对南疆农村地区的政策扶持力度，推动特色产业发展，拓宽农民增收渠道，逐步缩小区域发展差距。

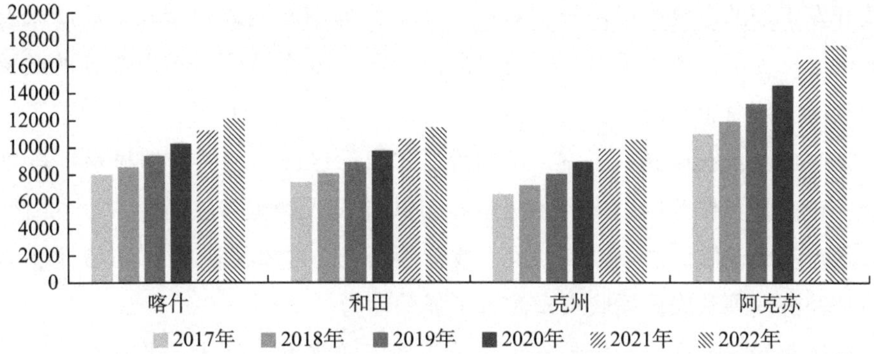

图 9-2 2017—2022 年南疆四地州农村居民人均可支配收入变化（单位：元）

数据来源：喀什、和田、克州、阿克苏统计局

（2）基础设施建设逐步完善

近年来，自治区党委和政府高度重视南疆四地州农村基础设施建设，通过持续加大投入力度，多措并举补齐农业农村发展短板，取得了显著成效。在交通建设方面，自治区重点推进“四好农村路”建设，实施农村公路畅通工程。2016—2022 年间，仅喀什地区就投入 115 亿元用于农村公路建设和养护，新建改建农村公路超过 2 万公里，不仅实现了 2471 个建制村 100%通硬化路、通客运班车的目标，更构建起“外通内联、通村畅乡”的现代化农村交通网络。数据显示，截至 2022 年底，南疆四地州所有具备条件的乡镇和建制村均已实现硬化路全覆盖，农村公路总里程突破 10 万公里，为乡村振兴提供了坚实的交通保障。

在饮水安全方面，自治区累计投入 85 亿元实施农村饮水安全巩固提升工程，新建改建水厂 127 座，铺设供水管网 2.8 万公里。目前南疆四地州农村自来水普及率已达 98%，水质达标率在 95%以上，农村人口告别了“苦咸水”“高氟水”，供水保障水平跃居全国中上游。此外，通过实施电网改造升级、通信网络覆盖等工程，南疆四地州所有贫困村均实现通水、通电、通路、通广播电视、通宽带网络，历史性地解决了困扰当地群众多年的吃水难、用电难、行路难、通信难等问题。这些基础设施的改善不仅提升了农民生活质量，更为发展特色产业、促进农民增收创造了有利条件。

（3）援疆帮扶效果突出

援疆帮扶是南疆四地州农村经济发展不可或缺的重要力量。作为国家西部帮扶开发工作的重要组成部分，对口援疆工作为南疆四地州带来了前所未有的发展机遇。为了有效推进南疆四地州帮扶工作，19个援疆省市以高度的政治责任感和历史使命感，对口支援南疆四地州22个原深度困难县，精心制定了“一县一策”的精准援疆帮扶方案。新疆维吾尔自治区政府相关数据显示，自2016年新一轮援疆工作开展以来，各援疆省市共计投入援疆帮扶资金509.62亿元，实施涵盖基础设施、产业发展、民生改善等领域的援疆帮扶项目4645个，为南疆地区经济发展和农民增收致富注入了强劲动力。

在产业帮扶方面，各援疆省市立足当地资源禀赋，加大产业扶持力度，通过“输血”与“造血”相结合的方式，推动南疆四地州特色产业发展。相关统计数据显示，2010年以来，深圳市作为喀什地区对口支援城市，先后派出援疆干部人才1629人次，累计投入援疆资金126.56亿元，实施各类援疆项目894个，带动各类企业投资310多亿元，形成了“政府引导、市场运作、社会参与”的产业援疆新模式。北京市在2016—2020年间共计实施产业援疆项目108个，引入企业162家，吸纳就业2.8万人，有效促进了当地群众就业增收。江苏省投入3.87亿元重点打造克州现代产业园区，成功吸引中兴能源、特变电工等一批知名企业入驻，带动当地6200余人实现稳定就业，形成了产业集聚效应。

在消费帮扶方面，各援疆省市创新帮扶模式，通过线上线下相结合的方式，为农户拓宽特色农产品销售渠道。浙江省创新实施的“十城百店”对口援疆工程，在省内10个地市设立100多个新疆特色农产品销售网点，同时搭建电商平台，帮助阿克苏地区苹果、红枣、核桃等特色农产品拓宽出疆通道。截至2021年底，该工程累计销售新疆农副产品50多万吨，实现销售额超过60亿元。

通过全方位、多层次的援疆帮扶，各类项目的实施不仅为农村地区的群众提供了大量就业岗位，还帮助农户打开了产品销路，有效促进了农户家庭收入的稳定增长，为巩固拓展脱贫攻坚成果同乡村振兴有效衔接奠定了坚实基础。

9.2 南疆四地州农户生计脆弱性测度分析

9.2.1 指标构建

本研究旨在系统评估南疆四地州农户的生计脆弱性状况，通过深入分析当地社会经济环境和农户家庭特征，选取了外部环境风险和家庭内生性风险这两类关键因素作为核心分析指标。基于国际通用的“风险—敏感性—适应力”三维分析框架，结合南疆地区特殊的自然地理条件、经济发展水平和民族文化特征，构建了一套科学、全面的生计脆弱性评价指标体系。在该体系中，风险维度主要考察农户面临的各种潜在威胁，包括自然灾害、突发意外事件以及市场波动等；敏感性维度从经济敏感性和环境敏感性两个层面反映农户面对风险时的脆弱程度；适应力维度则重点评估农户的风险应对能力，从人力资本、物质资本、金融资本、社会资本以及政策制度保障等多个方面进行综合考量，最终确定了 11 个一级指标和 21 个二级指标，具体构成详见表 9-1，为后续量化分析提供了科学依据。

表 9-1 农户生计脆弱性评价指标体系

维度	一级指标层	二级指标层	释义与赋值
风险	灾害风险	自然灾害频率	非常高=1，比较高=2，一般=3，比较低=4，非常低=5
	意外风险	意外事件	近三年是否遭遇劳动力伤亡/家庭投资失败等意外事件：是=1；否=0
	市场风险	销售情况	销售很差=1，销售较差=2，销售一般=3，销售比较差=4，销售很好=5
敏感性	经济敏感性	自然资源依赖度	第一产业收入占比程度：非常高=1，比较高=2，一般=3，比较低=4，非常低=5
		负债情况	是否有负债：是=1，否=0；家庭负债与家庭收入之比
	环境敏感性	自然灾害损失对家庭收入的影响程度	非常高=1，比较高=2，一般=3，比较低=4，非常低=5
适应力	自然资本	耕地情况	家庭耕地总面积
		经济作物种植面积	家庭经济作物种植面积
	人力资本	劳动能力	家庭劳动力人数
		受教育程度	16 岁以上人口人均受教育程度：小学及以下=1；初中=2；高中=3；大专及以上=4
		技能水平	是否掌握一门及以上的致富技术：是=1，否=0

续表

维度	一级指标层	二级指标层	释义与赋值
适应力	物质资本	固定资本	拥有家庭耐用消费（洗衣机、冰箱、电视机、空调、电脑、太阳能热水器等）+交通工具（摩托车、电瓶车、小汽车、货车、三轮车）+大型生产工具（翻土机、播种机、拖拉机）的数量
		禽畜数量	拥有禽畜数量
	金融资本	收入水平	家庭人均年收入：5000 元以下 = 1，5000～10000 元 = 2，10000～15000 元 = 3，15000～20000 元 = 4，20000 元及以上 = 5
		政策性贷款	是否有政策性贷款（惠农的低息或无息贷款）：是 = 1；否 = 0
	社会资本	社会网络	是否加入合作生产组织：是 = 1；否 = 0
		社会资源	家庭或亲戚当中是否有村委会成员：是 = 1，否 = 0
	政策帮扶与保障	政策性支持	是否接受政策救助或帮扶：是 = 1；否 = 0
		社会保障支持	已享有社会保障（农村居民养老保险、农村居民基本医疗保险、低保、农村特困供养、残疾补助、高龄补助）的数量
		帮扶政策知晓程度	完全不了解 = 1；不太了解 = 2；一般 = 3；比较了解 = 4；非常了解 = 5

9.2.2 数据来源

本研究的数据来源主要包括三个部分：一是 2022 年 7 月在喀什地区开展的实地调查；二是 2022 年 7—8 月期间借助大学生返乡实践活动，对南疆四地州的部分重点村落进行的问卷调查；三是 2023 年 5 月对阿克苏地区柯坪县开展的补充调研。调研采用多阶段分层抽样方法，覆盖了不同经济发展水平的行政村。调查过程中共发放问卷 650 份，回收问卷 586 份。为确保数据质量，对回收问卷进行了严格筛选，剔除内容不完整、逻辑矛盾以及关键信息缺失的无效问卷 53 份，最终获得有效问卷 533 份，有效率达 90.95%。

9.2.3 农户样本的基本特征

（1）农户家庭构成特征

调研发现，南疆四地州农户家庭结构呈现以下特征：从家庭规模方面来看，

84.99%的受访家庭为4人以上的传统大家庭，受访家庭中5人及以上家庭占比突出，其中，31.52%为5人户，29.83%为6人及以上户；从户主特征方面来看，男性户主占比达66.98%，且受教育程度普遍偏低，高中以下学历累计达到88.18%，其中小学学历占36.02%，初中学历占46.90%；从家庭构成方面来看，老年人和儿童占比较高，适龄劳动力相对不足，导致家庭抚养系数较高，经济负担较重。

表9-2　调查农户描述统计表

类型与变量	指标与赋值	频数	百分比
户主性别	男=1	357	66.98%
	女=0	176	33.02%
户主年龄	18~25岁=1	89	16.70%
	26~40岁=2	87	16.32%
	41~60岁=3	313	58.72%
	61岁以上=4	44	8.26%
户主受教育程度	小学及以下=1	192	36.02%
	初中=2	250	46.90%
	高中=3	28	5.25%
	大专及以上=4	63	11.82%
家庭人口数	小于等于3人=1	80	15.01%
	4人=2	126	23.64%
	5人=3	168	31.52%
	大于5人=4	159	29.83%
家庭人均年收入	5000元以下=1	237	44.47%
	5000-10000元=2	148	27.77%
	10000-15000元=3	78	14.63%
	15000-20000元=4	34	6.38%
	20000元及以上=5	36	6.75%
获得信贷机会	有=1	144	27.02%
	无=0	389	72.98%
接受职业技能培训情况	是=1	222	74.00%
	否=0	78	26.00%

续表

类型与变量	指标与赋值	频数	百分比
接受职业技能培训意愿	是=1	309	57.97%
	否=0	224	42.03%
家庭劳动力人数	小于等于1人=1	9	2.99%
	2人=2	114	37.87%
	3人=3	141	46.84%
	4人=4	32	10.63%
	大于等于5人=5	5	1.66%

数据来源：根据调查问卷数据整理所得

（2）农户收入经济特征

不同农户之间收入存在一定的差距，其原因在于多个方面。调查数据显示，受访农户的人均年收入约为7200元，虽然整体上超过了国家脱贫标准，但收入分配呈现明显的不均衡态势。其中，家庭人均年收入低于5000元的低收入群体占比高达44.47%，这部分农户普遍面临着劳动力短缺、突发事故等困境，主要依靠低保、养老金等政府救助维持生计。通过深入分析发现，造成收入差距的主要原因有两个方面：首先，风险承担意愿的差异显著影响收入水平。调查中，不少农户指出，相对富裕的家庭成员通常具备更强的风险承受能力和决策能力。例如，部分高收入农户通过积极获取市场信息，率先投资建设蔬菜大棚或开展现代化养殖，将农产品销往本地及内地市场，最高可实现年收入20万元。其次，对新技术的接受程度不同导致发展差异。部分农户对农业新技术和新生产模式持保守态度，这直接制约了其收入的增长空间。富裕农户在致富过程中积累了宝贵的经验，其家庭成员普遍具有更高的受教育水平和更强的学习能力。特别是在接受新型农业技术方面，教育程度的差异导致技术应用效果存在显著差别。相比之下，低收入农户往往受限于知识和技能储备不足，难以有效掌握现代化农业技术。所以想要缩小农户收入差距，关键在于通过职业技能培训、普及农业新技术知识等提升低收入农户家庭成员的技术和能力。

9.2.4 农户生计脆弱性测度方法

在进行生计脆弱性评价时，本研究选取了客观评价法当中的熵值法来确定指标权重。该方法可以避免主观评价法容易出现的随机性、臆断性问题，同时，也可以解决多指标变量间的信息重叠问题。

在进行熵值法分析之前，由于原始数据的范围、量纲不同，所以要先通过离差标准化进行标准化量纲处理，方法如下：

正向指标：$x_{ij}=\frac{X_{ij}-\min X_{ij}}{\max X_{ij}-\min X_{ij}}$ (1)

逆向指标：$x_{ij}=\frac{\max X_{ij}-X_{ij}}{\max X_{ij}-\min X_{ij}}$ (2)

其中，X_{ij} 为第 i 年第 j 个指标的原始数值，x_{ij} 为经过标准化处理的第 i 年第 j 个指标的值，$i=1, 2, \cdots, n$；$j=1, 2, \cdots, m$。

其次，熵值法评价生计脆弱性，具体计算步骤如下：

第一，计算生计脆弱性第 i 个指标（i=1，2，…n）的特征比重：

$$p_{ij}=\frac{x_{ij}}{\sum_{i=1}^{n}x_{ij}}, x_{ij}\geqslant 0 \tag{3}$$

第二，计算第 j 个指标的熵值：

$$e_j=-1/\ln\sum_{i=1}^{n}p_{ij}\ln p_{ij} \tag{4}$$

第三，计算第 j 个指标的差异性系数：

$$g_i=1-e_j \tag{5}$$

其中，g_i 的大小与该指标的作用呈正相关关系。

第四，计算第 j 项指标占所有指标的权重：

$$w_j=g_j/\sum_{j=1}^{m}g_j \tag{6}$$

其中，w_j 为归一化后的权重系数。

通过熵值法计算得到了南疆四地州农户返贫风险可能性评价指标体系当中各项指标的权重系数如下：

表 9-3 农户生计脆弱性评价指标权重

维度	一级指标层	二级指标层	权重
风险	灾害风险	自然灾害频率	0.0240
	意外风险	意外事件	0.1236
	市场风险	销售情况	0.0119
敏感性	经济敏感性	自然资源依赖度	0.0136
		负债情况	0.0709
	环境敏感性	自然灾害损失对家庭收入的影响程度	0.0242
抵御能力	自然资本	耕地情况	0.0804
		经济作物种植面积	0.0783
	人力资本	劳动能力	0.0111
		受教育程度	0.0178
		技能水平	0.0585
	物质资本	固定资本	0.0133
		禽畜数量	0.0722
抵御能力	金融资本	收入水平	0.0576
		政策性贷款	0.0737
		家庭收入满意度	0.0075
	社会资本	社会网络	0.0749
		社会资源	0.1251
	政策帮扶与保障	政策性支持	0.0246
		社会保障支持	0.0313
		帮扶政策知晓程度	0.0056

通过借鉴刘倩等（2022）的生计脆弱性测度方法，将生计脆弱性视为风险、敏感性和适应力的函数，得到生计脆弱性指数的计算公式：

风险：$$R = \sum_{i=1}^{n}\sum_{j=1}^{3} x_{ij}w_j \tag{7}$$

敏感性：$$S = \sum_{i=1}^{n}\sum_{j=4}^{6} x_{ij}w_j \tag{8}$$

适应力：$$A = \sum_{i=1}^{n}\sum_{j=7}^{21} x_{ij}w_j \tag{9}$$

在分别计算出风险、敏感性以及适应力的值之后，利用公式计算农户生计脆弱性值。

生计脆弱性值：PVI=（R+S）-A　　（10）

9.2.5　农户生计脆弱性测度结果分析

（1）生计脆弱性水平分布情况

本研究利用综合评价指标体系对南疆四地州农户的生计脆弱性水平进行了系统测度，并采用K-均值聚类分析方法，根据测度结果将样本农户划分为低脆弱性、次低脆弱性、中脆弱性、次高脆弱性和高脆弱性五个等级（详见表9-4）。研究结果显示，不同返贫风险等级在样本中的分布呈现明显的不均衡特征：其中次低脆弱性农户占比26.27%，中度脆弱性农户占比最高达34.90%，次高脆弱性农户占19.32%，而低脆弱性和高脆弱性农户占比相对较低，分别为11.26%和8.26%。这一分布格局表明，调查对象仍有相当比例的家庭面临较高的生计脆弱性风险。具体而言，次高脆弱性和高脆弱性农户合计占比达到27.58%，这部分群体在面对自然灾害、市场波动或家庭变故等风险冲击时，由于风险抵御能力较弱，存在较大的返贫可能性。

表9-4　农户生计脆弱性等级划分

生计脆弱性等级	低脆弱性	次低脆弱性	中度脆弱性	次高脆弱性	高脆弱性
	一级	二级	三级	四级	五级
PVI	[-0.3768，-0.2373)	[-0.2359，-0.1352)	[-0.1345，-0.0456)	[-0.0449，0.0465)	[0.0495，0.1957)
样本量	60	144	186	103	44
占比%	11.26%	26.27%	34.90%	19.32%	8.26%

（2）不同类型家庭的生计脆弱性结果分析

为了进一步了解不同类型农户的生计脆弱性水平，按照年龄、收入、受教育程度、家庭人口数对农户户主类型进行了划分，具体划分情况见表9-5。

表 9-5　农户户主类型划分统计表

类别	户主类型	农户特征
年龄	青年	小于等于 40 岁
	中年	41~60 岁
	老年	大于 60 岁
收入	低	人均年收入≤5000 元
	中	5000 元<人均年收入≤15000 元
	高	人均年收入>15000 元
受教育程度	低	受教育程度<2
	中	2≤受教育程度<4
	高	受教育程度≥4
家庭人口数	少	家庭人口数≤4 人
	中	4 人<家庭人口数≤5 人
	多	家庭人口数>5 人

从家庭户主性别角度来看，女性户主家庭的生计脆弱性显著高于男性户主家庭。这种现象的形成主要源于三个层面的因素：劳动力结构上女性户主家庭往往缺乏主要劳动力，导致家庭创收能力相对薄弱；社会资源获取上农村地区的女性在就业机会、信贷支持等社会资源获取上处于相对劣势地位；风险抵御能力上由于收入来源单一和社会保障覆盖不足，女性户主家庭在面对疾病、自然灾害等突发风险时表现出明显的脆弱性。这些结构性因素共同导致了女性户主家庭在风险抵御能力上的弱势。

从户主年龄来看，户主处于中年阶段的生计脆弱性值最高，其原因主要在于：在家庭负担方面，中年户主通常面临“上有老下有小”的双重赡养压力，子女多处于高等教育阶段，教育支出占家庭总支出的比重较大；在适应能力方面，中年群体对新技术的接受度和学习能力相对较弱，在产业转型升级过程中面临更大的职业转型压力。因此从适应力看，中年家庭明显低于青年家庭，这就导致中年家庭抵御风险的能力较低。

从家庭经济状况来看，人均收入水平越高其生计脆弱性值越低，其原因在于收入水平较高的家庭通常在资产积累方面拥有更充足的金融储备和物质资本，其适应力就越高，因此抵御未来风险的能力就越强。

从人力资本情况来看，户主的受教育程度越高其生计脆弱性值就越低，原因在于受教育程度越高，具备的专业技能和职业适应性就更强，能更好地适应市场需求，因此这些人力资本优势使得高学历户主家庭在面对经济冲击时展现出更强的韧性和调整能力。

表 9-6 不同类别农户的生计脆弱性值统计表

类别	农户类型	风险	敏感性	适应力	脆弱性
性别	男	0. 0382	0. 0341	0. 1833	-0. 1110
	女	0. 0415	0. 0313	0. 1612	-0. 0883
年龄	青年	0. 0427	0. 0343	0. 1804	-0. 1033
	中年	0. 0381	0. 0335	0. 1721	-0. 1005
	老年	0. 0341	0. 0262	0. 1865	-0. 1262
收入	低	0. 0366	0. 0298	0. 1472	-0. 0808
	中	0. 0443	0. 0360	0. 1897	-0. 1094
	高	0. 0320	0. 0354	0. 2291	-0. 1617
受教育程度	低	0. 0347	0. 0321	0. 1649	-0. 0980
	中	0. 0431	0. 0338	0. 1797	-0. 1028
	高	0. 0362	0. 0337	0. 1934	-0. 1235
性别	男	0. 0382	0. 0341	0. 1833	-0. 1110

9.3 南疆四地州农村居民生计可持续发展面临的风险分析

从上述生计脆弱性分析来看，当前，南疆四地州仍有部分农户生计脆弱性水平偏高。通过实地调研，结合与农户、驻村工作队干部的访谈情况及南疆四地州的实际发展情况分析，发现当前南疆四地州生计可持续发展面临的风险可归纳为资源环境、疾病灾祸、制度政策及能力习惯四个方面。因此，将资源环境、疾病灾祸、制度政策及能力习惯四个层级作为解释变量，具体变量和含义及其计算见表 9-7。

表 9-7 自变量含义及描述

影响因素层次	自变量选取	赋分
能力习惯因素	接受职业技能培训情况	是否参与职业技能培训：是=2分；否=1分
	接受职业技能培训意愿	是否有意愿参与职业技能培训：是=2分；否=1分
	家庭劳动力人数	小于等于1人=1分，2人=2分，3人=3分，4人=4分；大于等于5人=5分
	家庭最高学历水平	初中及以下=1分；高中=2分；大专=3分；本科及以上=4分
资源环境因素	生产组织参与情况	是否加入合作生产组织：是=2分；否=1分
	社会资源拥有情况	家庭或亲戚当中是否有村委会成员：是=2分；否=1分
	荒漠化程度	非常严重=1分，比较严重=2分，一般严重=3分，不严重=4分，很不严重=5分
	水资源稀缺程度	没对生活造成影响=1分，没对生产造成影响=2分，对生活和生产造成轻微影响=3分，对生活和生产造成严重影响=4分
疾病灾祸因素	家庭成员患重大疾病及慢性病情况	小于等于1人=3分，2人=2分；大于等于3人=1分
	自然灾害频率	非常高=1分，比较高=2分，一般=3分，比较低=4分，非常低=5分
	意外事件发生情况	近三年是否遭遇劳动力伤亡/家庭投资失败等意外事件：是=1分；否=2分
制度政策因素	接受政策支持情况	是否接受政策救助或帮扶：是=2分；否=1分
	帮扶政策知晓程度	了解程度：完全不了解=1分；不太了解=2分；一般=3发；比较了解=4分；非常了解=5分

将农户生计脆弱性值作为因变量，通过构建线性回归模型来揭示农户生计脆弱性的影响因素，模型公式如下：

$$Y_i = \alpha + \beta_1 X_{i1} + \beta_2 X_{i2} + ... + \beta_{13} X_{i13} + \varepsilon_i \tag{11}$$

其中，Y_i 为 i 农户的生计脆弱性值，X_{i1}，X_{i2}，…，X_{i13} 为解释变量，α 是常数项，β_1，β_2，…，β_{13} 为相应变量的估计参数，ε_i 为干扰项。

线性回归结果如表 9-8 所示，结果表示解释变量能力习惯、资源环境、疾病灾祸以及制度政策对因变量生计脆弱性的影响情况。

表 9-8 线性回归结果

模型		未标准化系数		标准化系数	t	显著性
		B	标准错误	Beta		
1	（常量）	0.399	0.044		9.116	0.000
	能力习惯	-0.011	0.003	-0.170	-4.338	0.000
	资源环境	-0.015	0.003	-0.227	-5.711	0.000
	疾病灾祸	-0.020	0.004	-0.218	-5.504	0.000
	制度政策	-0.019	0.004	-0.208	-5.305	0.000

a. 因变量：生计脆弱性

9.3.1 能力习惯因素

自身能力水平及自我发展意识是影响农户生计可持续发展的关键因素。能力习惯包含能力因素和习惯因素两个方面。在综合考虑能力因素和习惯因素的特点后，在选取变量时，将家庭劳动力情况、家庭最高学历水平、接受培训情况作为判断家庭劳动能力的主要变量。

首先，将接受职业技能培训意愿作为衡量农户思想观念的主要变量，通过赋分计算后得到农户在能力习惯上的总得分，利用得分进行整体分析，结果见表 9-8。经过回归分析，显示能力习惯对返贫风险的影响在显著水平为 0.01 时，具有显著性，并且回归系数为-0.170，说明能力习惯对返贫风险影响为负，其农户能力习惯得分越高，家庭返贫风险越小。

其次，对能力习惯当中的各变量单独进行分析，回归结果（见表 9-9）显示接受培训情况、接受技能培训意愿及家庭劳动力人数对返贫风险的影响在显著水平为 0.01 时，具有显著性，而家庭最高学历水平不具有显著性。接受培训情况、接受技能培训意愿及家庭劳动力人数对返贫风险的影响系数均为负值，意味着它们各自对返贫风险的影响为负。意味着家庭劳动力越多，创造收入的人越多，家庭抚养比下降，返贫风险就越小。这与调研情况相一致，在走访时发现，部分困难家庭致贫原因在于家中劳动力的缺失，缺少劳动力导致家中挣钱的人少而花钱的人多，家庭负担重，生活水平难以提升。

表 9-9　能力习惯各变量线性回归结果

模型		未标准化系数		标准化系数	t	显著性
		B	标准错误	Beta		
2	(常量)	-0.032	0.016		-1.971	0.049
	接受职业技能培训情况	-0.035	0.010	-0.161	-3.643	0.000
	接受职业技能培训意愿	-0.035	0.010	-0.148	-3.405	0.001
	家庭劳动力人数	-0.021	0.005	-0.176	-4.199	0.000
	家庭最高学历水平	0.003	0.003	0.042	1.008	0.314

a. 因变量：生计脆弱性

从技能培训方面来看，接受职业技能培训的家庭比没有接受培训的家庭有更多的创收能力，返贫风险程度更低。这与调研情况相一致，随着市场化程度的加深，个人收入结构呈现新特征，家庭收入的结构越来越多样化，对很多农户来说外出务工成为提高家庭收入的有效途径。南疆四地州农村教育发展相对落后，农村青壮年劳动力受教育水平偏低，普遍缺乏职业技能，无法满足工作的要求，外出务工也大多只能选择一些体力活，这就制约了劳动力的就业范围和收入水平。再加上农村困难户由于缺乏信息、就业渠道等原因找不到工作，从而无法通过非农就业提高家庭收入。同时，自身能力的不足使得其抵御外界风险的能力也相对较弱，很容易因市场波动而失业。而参加技能培训可以使农户掌握更多的职业技能，更有助于其稳定就业，降低返贫风险。

在接受技能培训意愿方面，那些有愿意学习的心，有想把日子过好的劲头儿和决心，肯学习，肯努力的农户，其返贫风险程度的值更小。这与调研结果相一致，在调研中与驻村干部座谈时发现，部分青壮年劳动力具有良好的劳动能力，但不务正业，不愿意吃苦，致富主动性弱，由此导致返贫。虽然政府通过开展各类培训班对其进行了技能培训，并帮助其就业，但是，仍有部分农户因思想观念问题，不愿意就业，安于现状，导致无法实现稳定就业。部分农户参与帮扶项目的意愿不高，从而使得其生计脆弱性无法得到改善。还有一部分农户即使通过就业帮扶到工厂就业后，也不愿意认真工作，经常旷工，最后入不敷出，导致帮扶项目无法发挥能效。实践证明，不解决内生动力问题，就无法彻底解决返贫问题。

9.3.2 资源环境因素

资源匮乏和环境承载力脆弱是欠发达地区最突出的特征，也是威胁农牧民收入的关键因素。其中，资源包括自然资源和社会资源。因此，在分析时，选取生产组织参与情况、社会资源拥有情况、水资源稀缺程度及土地荒漠化程度作为分析资源环境因素的指标。首先将各指标赋分加总后，利用资源环境总得分分析资源环境对返贫风险的总体影响。回归结果显示，资源环境对返贫风险的影响在显著水平为0.01时，具有显著性，并且回归系数为负，说明资源环境对返贫风险影响为负，其农户在资源环境方面得分越高，农户资源环境条件越好，家庭返贫风险越小。其结果与调研结果相一致，南疆四地州位于塔克拉玛干沙漠边缘，气候干旱、降雨量少，且极不均衡，冰山融水是其主要的水源。水资源短缺，这就导致了部分地区土地荒漠化问题相对严重。一方面，沙化、盐碱化使得部分土地不适合耕作，同时，水资源的短缺也限制了农业生产。水资源对于南疆四地州农业生产起着至关重要的作用，在调研中发现，目前，南疆四地州主要还是以漫灌为主，而在部分水资源不足的地区，尤其是在农业生产用水高峰期，无法及时浇灌导致农作物大面积减产，从而使农户遭受损失。除自然资源之外，社会网络资源也会对农户的收入产生一定的影响，例如，在调研中发现，参与农业生产组织更有利于农产品的销售。另一方面，南疆四地州生态环境比较脆弱，环境承载力较弱，过度的种植和放牧也会导致生产环境进一步恶化。而生态环境恶化影响农业生产，在调研时发现，由于农户长期种植当地的特色红薯，土壤恶化，从而出现了大面积减产的情况，农民收入减少，容易导致返贫现象的出现。

表 9-10　资源环境各变量线性回归结果

模型		未标准化系数		标准化系数	t	显著性
		B	标准错误	Beta		
3	(常量)	0.244	0.021		11.382	0.000
	水资源稀缺程度	0.001	0.003	0.011	0.344	0.731
	生产组织参与情况	-0.093	0.007	-0.420	-13.226	0.000
	社会资源拥有情况	-0.136	0.009	-0.507	-15.991	0.000
	土地荒漠化程度	-0.016	0.004	-0.127	-3.930	0.000

a. 因变量：生计脆弱性

其次，对资源环境当中的各变量单独进行分析，回归结果（见表9-10）显示，水资源稀缺程度对于返贫风险的影响不显著，可能是选取的主要调研地点水资源丰富，同时，近些年自治区及地方政府通过大量资金投入兴建农业水利设施，水利设施的改善很大程度上缓解了水资源稀缺带来的影响。

土地荒漠化程度、生产组织参与情况及社会资源拥有情况对返贫风险的影响在显著水平为0.01时，具有显著性，且对返贫风险的影响系数均为负值，意味着其对返贫风险影响为负。由此可以说明加入生产组织、拥有更多社会关系的家庭拥有更多的社会资源更有利于其拓宽收入渠道、提高收入水平，返贫风险更小。土地荒漠化程度越低的农户，拥有的生产条件更好，农业产值更高，返贫风险更低。因此，增强农户绿化、保护环境意识，通过先进技术改良土壤是非常有必要的。

9.3.3　疾病灾祸因素

疾病灾祸风险主要就是指因自然灾害、意外事件、疾病导致农户返贫的现象。南疆四地州生存环境恶劣，农村困难户生活条件较差且没有良好的生活习惯，导致该地区疾病风险相当高。因此，当地居民的高患病率可能会导致返贫发生率提高。同时，南疆四地州自然灾害发生的频率较高，灾害类型复杂多样，而且经常出现数灾并发的现象。自然灾害具有难预测性和破坏性强的特点，是影响农民增收最主要的因素。2021年，新疆十大天气气候事件中大部分发生在南疆四地州。气象局公开数据显示，阿克苏市、阿拉尔市、阿瓦提县、乌什县、柯坪县、温宿县、库尔勒市7县市先后遭受冰雹袭击，棉花、玉米、林果、蔬菜等农作物大范围受灾，农业受灾面积达3.8万公顷，受灾人口4.2万人，直接经济损失约4.9亿元，这一损失占2021年新疆全年气象灾害经济总损失的17%。阿克苏地区6县市遭遇大风天气，农业受灾面积约14万公顷，受灾人口2.7万人，造成直接经济损失约4.8亿元。由此可见，自然灾害事件的发生，在不同程度上威胁着农户的人身财产安全，也会对种植业、畜牧业产生不良影响，给农牧民带来了较大的经济损失。因此，在选取变量时，将家庭成员患重大疾病及慢性病情况、自然灾害频率及意外事件发生情况作为分析疾病灾祸风险的重要指标，进行赋分计算，得出家庭在疾病灾祸方面的总得分，用于总体分析。经过回归分析，疾病灾祸对返贫风险的影响在显著水平为0.01时，具有显著性，并且回归系数为负，说明农户疾病灾祸得分越高，家庭返贫风险越小。

对疾病灾祸当中的各变量单独进行分析，回归分析结果（见表9-11）显示家庭成员患重大疾病及慢性病情况、自然灾害频率对于返贫风险的影响在显著性水平为0.05时，不显著。可能是因为目前绝大多数的农户都购买了城乡居民医疗保险，当疾病发生时，医疗保险的保障在很大程度上减轻了农户的医疗支出负担。同时，随着农业保险在南疆的普及，尤其是自然灾害频发地区，农户购买农业保险意识更强，使得自然灾害的发生对收入的影响减弱。

表9-11　疾病灾祸各变量线性回归结果

模型		未标准化系数		标准化系数	t	显著性
		B	标准错误	Beta		
4	（常量）	0.147	0.038		3.824	0.000
	家庭成员患重大疾病及慢性病情况	-0.005	0.012	-0.017	-0.431	0.667
	自然灾害频率	-0.003	0.005	-0.026	-0.674	0.501
	意外事件发生情况	-0.125	0.011	-0.467	-11.889	0.000

a. 因变量：生计脆弱性

意外事件发生情况对于返贫风险的影响在显著水平为0.01时，具有显著性，说明意外事件发生情况导致的劳动力丧失和意外支出的增加会导致返贫风险程度的值变大。

9.3.4 制度政策因素

脱贫摘帽后，部分帮扶政策退出，没能持续稳定提高农村困难户的收益，也可能造成返贫风险的增加。因此，在选取变量时，将帮扶政策知晓度及接受政策支持情况作为分析制度政策风险的主要变量。首先将各指标赋分加总后，利用制度政策总得分分析制度政策对返贫风险的总体影响。回归结果显示，制度政策对返贫风险的影响在显著水平为0.01时，具有显著性，并且回归系数为负，说明制度政策对返贫风险影响为负，农户在制度政策方面得分越高，家庭返贫风险越小。

其次，对制度政策当中的各变量单独进行分析，经过回归分析（结果见表9-12），帮扶政策知晓程度对于返贫风险的影响在显著水平为0.1时显著。接受政策支持情况对于返贫风险的影响在显著性水平为0.01时是显著的。二者回归系数均为正值，说明接受政策支持会导致返贫风险降低，政策知晓度越高越会在一定程度上减少返贫风险。

表9-12 制度政策各变量线性回归结果

模型		未标准化系数		标准化系数	t	显著性
		B	标准错误	Beta		
5	（常量）	-0.025	0.020		-1.271	0.204
	接受政策支持情况	-0.056	0.011	-0.232	-5.313	0.000
	帮扶政策知晓程度	-0.009	0.005	-0.083	-1.906	0.057

a. 因变量：生计脆弱性

9.4 农村居民生计可持续发展的对策建议

9.4.1 优化农业基础设施

南疆四地州生态环境脆弱、环境承载能力低和水资源缺乏等因素是造成返贫的主要潜在因素。虽然自然生态条件无法改变，但是经营条件和经营策略可以改变。因此，各地政府应合理利用专项资金，加大对农村电网、道路、农业水利设施和高标准农田资金投入，改善农村农业基础设施条件。通过水利设施的改善提高水资源利用效率，可以在一定程度上避免水资源不足对农业生产造成的不良影响，实现农户收入的稳定提升。通过高标准农田建设，有利于实现机械化、智能化种植，实现农业的增收。

9.4.2　构建监测预警与动态帮扶机制

曾经的困难户家庭收入有了显著的提升，生活质量得到了明显改善。然而，尽管整体工作取得了显著成效，仍有一部分农户的收入存在不稳定性，尤其是那些处于困难边缘的群体。这些边缘人口的收入波动较大，容易因各种突发因素再次陷入贫困。因此，针对这一群体，必须通过构建和完善返贫监测预警与动态帮扶机制，确保他们能够稳定增收，实现生计可持续发展，逐步迈向富裕。

首先，返贫监测预警机制是防止返贫的关键。通过建立健全的监测系统，能够及时发现农户面临的返贫风险。监测机制应涵盖多个方面，包括收入波动、健康状况、自然灾害、教育水平等。一旦发现农户存在风险，相关部门应立即启动动态帮扶机制，根据风险种类针对性地采取“一户一策”精准帮扶措施。这种对症下药的方式，能够有效降低农户的生计脆弱性，化解返贫风险，真正做到未返先防，实现农户的生计可持续发展。例如，针对因病返贫的问题，可以采取多方面的措施。一方面，充分利用村卫生室和村医的资源，定期对困难户的健康状况进行跟踪监测，做到早发现、早治疗，防止小病拖成大病。另一方面，政府应加大对边缘户的公共服务支持力度，使用专项资金为这些家庭购买商业保险，减轻他们的医疗负担，从而降低因病返贫的风险。针对自然灾害导致的返贫风险，政府应加强在气象灾害预防和减灾方面的公共服务。畅通信息发布渠道，确保农民能够第一时间收到灾害预警信息，及时采取应对措施，减少灾害带来的损失。同时，政府应提供农业保险等金融工具，帮助农户在灾害发生后迅速恢复生产，避免因灾返贫。针对因技能不足导致的返贫风险，教育帮扶显得尤为重要。政府应加大对农村青年群体的教育支持力度，提升他们的受教育程度和职业技能，增强他们的就业竞争力。通过职业技能培训、创业扶持等措施，帮助青年群体获得稳定的收入来源，从而降低返贫风险。

其次，村干部在防止返贫工作中也扮演着重要角色。应加强村干部入户摸排工作，及时掌握农户的家庭经济状况，尤其是否存在突发性大额支出等情况。一旦发现农户面临困难，村干部应根据实际情况，采取相应的帮扶措施，确保他们不会因突发情况而返贫。

9.4.3 优化产业帮扶模式

产业发展作为促进乡村经济发展的核心动力，不仅为农民提供了增收渠道，也为乡村注入了新的活力。然而，尽管当前乡村特色产业发展势头良好，但在技术、基础设施、营销手段等方面仍存在诸多短板，制约了产业的进一步升级和可持续发展。因此，优化产业帮扶模式，创新帮扶机制，成为推动乡村经济高质量发展的关键。

第一，打造特色农业品牌。各地政府应继续深化“一村一品”的发展模式，结合当地优势资源，打造具有地域特色的农业品牌。通过品牌化运营，不仅可以提升农产品的市场竞争力，还能延长产业链，增加产品的附加值，使农户从中获得更多收益。例如，一些地区通过发展绿色有机农业、地理标志产品等，成功打造了具有较高知名度的农产品品牌，不仅打开了市场，还带动了当地旅游业等相关产业的发展。

第二，扶持新型农业经营主体。扶持农业龙头企业、农业合作社、家庭农场、专业大户等新型农业经营主体，是推动乡村产业振兴的重要举措。这些新型经营主体具有较强的市场开拓能力和技术优势，能够有效带动当地就业，并通过财富的示范效应，激发农户参与生产的积极性。例如，一些地区通过“龙头企业+合作社+农户”的模式，实现了农业生产的规模化、标准化，不仅提高了生产效率，还帮助农户实现了稳定增收。

第三，优化乡村产业结构。推动一二三产业融合发展，是乡村产业振兴的重要方向。通过招商引资建设“卫星”工厂、发展乡村旅游项目等，可以有效扶持二、三产业的发展，优化当地产业结构，带动区域经济整体提升。例如，通过发展乡村旅游，不仅吸引了大量游客，还带动了当地农产品的销售，形成了“农旅结合”的良性循环。

第四，培育乡村新业态。随着互联网技术的普及，农村电子商务和电商直播等新业态也为乡村产业发展提供了新的机遇。通过发展农村电商，农户可以直接将产品销售到全国各地，甚至走向国际市场，大大拓宽了销售渠道，不仅提高了产品的知名度，还实现了农户的稳定增收。

9.4.4 优化基层的管理机制

在巩固拓展脱贫攻坚成果、推动农村居民生计可持续发展的过程中，各级帮扶干部扮演着至关重要的角色。他们的工作态度、业务能力以及执行力度，直接关系到实现生计可持续发展的长远目标。因此，在管理制度、激励机制等方面，必须注重科学性和规范性，确保帮扶干部能够充分发挥主观能动性，积极投入到工作中。

首先，提升各级干部的业务能力是确保农村经济持续稳定发展的关键。为此，必须定期开展业务培训，特别是针对新上任的乡、村干部。这些基层干部是帮扶工作的直接执行者，他们的政策理解深度和执行力度直接影响到帮扶工作的效果。通过系统的培训，确保他们熟练掌握相关政策、标准、程序和政策体系，能够将各项帮扶工作要求落到实处。培训内容应涵盖政策解读、实际操作技巧、案例分析等，帮助干部们在实际工作中能够灵活应对各种复杂情况。

其次，建立适当的激励机制是激发帮扶干部工作热情的重要手段。在工作上，应给予基层干部一定的自主权和主动权，使他们能够根据实际情况灵活调整工作策略。在相关的工作检查中，应将农户的实际收入增长作为首要考核指标，形成扶贫干部帮助农户增加实际收入的工作局面。在提拔晋升方面，应优先考虑干部的实际业绩，让那些在乡村振兴工作中表现突出的干部感受到成就感，从而选拔出一批实干型、有责任感的乡村振兴干部。

最后，进一步完善监督机制是确保工作不偏离轨道的重要保障。监督反馈机制应分为督导检查和公众监督两个层面。一方面，县市级有关部门应成立专门的工作组，通过乡间走访、基层业务指导等方式，定期开展督导检查工作。对帮扶农户信息收集、帮扶政策落实等环节进行督导检查，发现问题后及时督促基层干部整改，确保各项工作能够落到实处。另一方面，需要借助信访、领导信箱、新闻媒体等方式，发挥群众对帮扶工作的监督作用。通过群众的广泛参与，及时发现工作中的疏漏，并结合群众意见进一步完善帮扶工作。公众监督不仅能够提高工作的透明度，还能增强群众对帮扶工作的信任感和满意度。

9.4.5 培育内生动力

内生动力的培育要通过思想帮扶和技能培训相结合的方式，帮助农村群众树立正确的就业观和劳动观，提升他们的技能水平，才能真正实现稳定增收，推动农村地区的经济可持续发展。

首先，针对受教育程度较低、难以实现非农就业转移的青壮年劳动力群体，政府部门应当建立系统化的职业技能培训帮扶机制。要结合农村劳动力的文化程度、年龄结构、地域特征等个体差异，制定差异化的培训方案。培训内容要突出实用性，可设置家政服务、电子商务、农产品加工等市场需求旺盛的工种，采取“理论+实操”的培训模式，确保参训人员真正掌握就业技能。同时要建立培训后的就业跟踪服务机制，通过校企合作、订单式培训等方式，帮助结业学员实现稳定就业。此外，地方政府应立足区域资源禀赋，积极培育发展特色种植养殖、乡村旅游、来料加工等劳动密集型产业，并出台税收减免、岗位补贴等激励政策，引导企业优先吸纳农村困难人口就业。对有意愿外出务工的劳动力，可组织开展跨地区劳务协作，通过“点对点”输送等方式促进劳动力有序转移。政府也可以通过与企业合作，建立定向培训机制，确保培训内容与市场需求相匹配，从而提高就业成功率。以此切实提升劳动者的就业能力和就业质量，激发其内生发展动力，实现稳定增收致富。

其次，教育是根本之策，只有通过教育，才能从根本上提升农村困难群众的文化素质和技能水平，增强他们的自我发展能力。对处在义务教育阶段的农户子女，改善其在校的营养，在学习上进行有针对性的帮助；对处在非义务教育阶段的农户子女，协助其办理助学贷款，使其顺利完成学业，采取以结果为导向的帮助模式，为在校期间表现良好的学生发放一定金额的奖学金，实现稳定就业的学生按一定比例代偿助学贷款，鼓励农户子女通过刻苦学习增长才干，改变家庭的命运，阻断贫困代际传播。政府应加大对教育的投入，改善农村的教育设施，提高教师待遇，吸引优秀教师到农村地区任教，确保农村家庭子女能够接受良好的教育。

最后，针对部分具备劳动能力但长期存在“等靠要”思想的青年农户，村干部及驻村工作队一方面要深入开展思想教育工作，通过入户走访、典型示范、技能培训等方式，帮助农户转变就业观念，树立正确价值观；另一方面要构建完善的就业服务体系，以乡镇为单位建立就业信息平台，定期收集发布区域内企业用工需求，并组织专场招聘会。同时建立就业跟踪台账，对已就业人员开展定期回访，动态掌握就业状况，及时解决工作中遇到的困难。对于有就业困难的群众要采取谈心谈话、邻里帮扶等措施，必要时引入适当的奖惩机制，多管齐下确保困难群众实现稳定就业、持续增收。思想帮扶不是简单的说教，而是要通过实际的案例和成功的故事，让困难户看到勤劳致富的希望和可能性。可以通过组织困难户参观成功的产业示范项目，或者邀请已经成功致富的群众分享他们的经验来激发农户的内生动力，最终实现从“要我脱贫”到“我要致富”的转变。

9.5 本章小结

贫困问题关系到各族人民的生活质量，关系到社会稳定和长治久安。南疆四地州作为新疆曾经的深度困难地区，防止返贫、实现农户生计可持续发展尤为关键。本章利用生计脆弱性预见性识别的前瞻性特点，对南疆四地州农户生计可持续性发展路径进行研究，在探讨农户生计可持续性发展面临的风险基础上，围绕生计可持续发展提出针对性政策建议。为培育农村地区内生动力，推进巩固拓展脱贫成果与乡村振兴的有效衔接，实现农民农村共同富裕提供理论参考。

10　数字普惠金融促进农民农村共同富裕的路径研究

数字普惠金融通过提供便捷、低门槛、低成本且线上化的金融服务，有效助力农村居民更迅速、更高效地获取并享受优质的金融服务。这种服务模式不仅拓宽了金融服务的覆盖范围，还降低了金融服务的使用门槛，使得更多人群能够享受到普惠金融带来的便利，从而提高居民的生活质量和收入水平。随着我国数字技术的发展，数字技术方面的重大突破极大促进了我国数字普惠金融的产生及应用。但是，目前在我国中西部偏远地区及农村基础设施建设不完备，信息化普及度偏低，大部分农民对于金融概念模糊，而本章的数字普惠金融重点则在于要解决在新疆偏远地区的农村经济发展问题，使农民不仅可以依靠农业发展，更可以依赖于数字普惠金融为自己谋取更大的收益，这对于协调城乡经济差异，缩小收入差距，推进建设社会主义现代化农村具有重要的研究意义。

10.1　相关概念

10.1.1　数字普惠金融的概念界定

在国际上，世界银行首次在 2005 年提出普惠金融这一理念。在国外，“普惠金融”也被称为“包容性金融”。因为其具有包容性，着重强调平等，而且对比于普通金融服务，能更广泛地带来公平性，且能更广泛地覆盖多数群体，促进社会经济增长，因而被国际上的多数国家所采纳，因此，普惠金融的发展更加迅速。2013 年，党的十八届三中全会正式提出“发展普惠金融”的建议。随着经济全球化进程加快，全球各个国家之间贸易往来逐渐增多，国际上对于国际金融问题越来越重视。2015 年，国务院发布《推进普惠金融发展规划(2016—2020 年)》，指出“普惠金融是指立足机会平等要求和商业可持续性原则，以可负担的成本为有金融服务需求的社会各阶层和群体提供适当、有效的金融服务”。在此基础之上发展而来的数字普惠金融，则兼具普惠金融的特征，并且在使用功能上更加精进。数字普惠金融的实质为金融普惠，强调将优质的金融服务传递给更广泛的社会群体，让金融服务更加均等化和普及化，使其不再成为少数人的专利，而是成为全民共享的福利。依托于数字化的发展建设，大数据物联网服务，让数字普惠金融的使用变得更加广泛便捷，这是数字普惠金融数字化的特征，而强大的普适性让数字普惠金融有足够的能力，发展面向边缘化群体的业务，为金融发展薄弱的地方提供一定金融支持。这也是数字普惠金融“普”的代表，即社会上的群体都能获得金融服务。而所谓“惠”则给予偏远边缘化的地区群体金融服务上的相对优惠。数字普惠金融是基于信息化时代发展而产生，相较于一般传统金融服务所注重的营利性，数字普惠金融这一理念的出现，为广大弱势群体提供其负担得起的金融服务，以低成本的方式开展，有效地为低收入群体提供金融支持。

10.1.2 数字普惠金融的作用

(1) 提高资金配置效率

数字普惠金融的出现实现了对地区的大数据管理，还可以将金融信息进行整合，这缓解了信息落后地区在金融服务中的信息不对称现象。借助互联网、移动支付等数字技术，突破传统金融服务在地理空间和物理网点上的限制，将金融服务拓展到偏远地区和低收入群体，使原本难以获得金融支持的个人和企业能够融入金融体系，获得资金用于生产、经营等活动。数字普惠金融降低了市场门槛，拓宽了资金来源渠道，通过人工智能分析提升了风险管理能力，金融体系效率的提升为经济高质量发展提供了支持，尤其在农村地区促进农业生产要素流通，助力农业现代化与乡村振兴。徐博涵（2024）认为数字普惠金融对于我国在实施乡村振兴战略方面具有重大意义，数字普惠金融在促进农业的经营方面可以有效地优化融资效率，加快农业经济转型，提高农业发展质量。

在传统金融模式下，由于乡村地区地理位置分散、经济规模较小等原因，金融机构网点覆盖不足，导致乡村产业主体获取金融服务困难重重。高昂的交易成本和严格的抵押担保要求，将众多中小微企业和农户拒之门外，制约了乡村产业的起步与发展。数字普惠金融打破了这些限制，借助互联网技术金融服务突破了物理网点的局限，以线上化、移动化的方式深入乡村各个角落。大数据分析可以帮助金融机构更全面地评估客户信用状况，降低信息不对称，从而能够为缺乏抵押物但信用良好的乡村经济主体提供小额、便捷的信贷服务。这极大地提高了金融服务的可得性，为乡村经济发展提供了不可或缺的资金支持。

（2）促进产业升级

数字普惠金融发展依托于信息科技产业，通过引导资金流向新兴产业和创新型企业，推动产业结构转型，促进了经济结构的合理化发展。例如，在农业、制造业等传统产业中，数字普惠金融可以为企业的技术改造、设备升级、数字化转型等提供资金保障，帮助企业提高生产效率、降低成本、提升产品质量，促进传统产业向高端化、智能化、绿色化方向发展。

乡村产业发展初期，资源往往分散于各个领域，难以形成有效的集聚效应和规模效益。数字普惠金融凭借其强大的数据处理和分析能力，能够精准识别乡村地区具有比较优势和发展潜力的产业项目。一方面，金融机构依据数据评估将资金优先投向那些符合市场需求、具备高附加值的产业，比如特色农业、乡村文旅、农村电商等新兴产业，引导各类生产要素向这些优势产业集中。另一方面，对于传统产业中落后和低效项目减少资金供给，促使其进行转型升级或逐步淘汰。这种动态的资源调配推动了乡村产业结构的升级，提高了乡村产业体系的运行效率和质量。

（3）缩小城乡收入差距

数字金融的发展让金融服务惠及偏远地区和弱势群体，我国金融发展不平衡的问题很大程度上得到了解决，为落后地区实现跨越式发展提供了资金支持。数字金融能够解决传统金融下金融市场发展不平等和不平衡的问题，进而有利于实现经济高质量发展与包容性经济增长。依托于数字技术的普惠金融具有明显的普惠性和便捷性，相对于传统的金融服务，数字普惠金融可以很大程度降低金融服务的门槛和金融服务成本，满足农村低收入群体的需求，提高风险防范能力，推动金融服务平民化、精准化、数字化。可以切实提高农村客户群金融服务的可获得性，进而使农村居民摆脱金融“边缘”处境，有助于提高其家庭收入，提高农村发展水平，进而缩小城乡收入差距。

（4）提供风险保障

数字普惠金融通过多样化的金融工具和产品，帮助乡村产业主体分散和转移风险。比如，农业保险通过数字化手段实现更广泛的覆盖，农户可以通过购买农业保险来应对自然灾害、市场价格波动等风险，从而保障农业生产经营的稳定性，帮助农户实现稳定增收。

（5）提供人才支持

数字普惠金融的发展不仅在资金层面为乡村产业注入动力，还在人才培养和引进方面发挥了积极作用。一方面，数字普惠金融的推广促使金融机构加强对乡村地区金融知识的普及和教育，通过线上线下相结合的方式，为农户和乡村企业主提供金融素养培训，帮助他们更好地理解和运用金融工具。另一方面，数字普惠金融的广泛应用也为乡村地区吸引了更多高素质人才。随着乡村金融服务的数字化转型，一些掌握数据分析和风险管理等知识的专业技能人才被吸引到乡村地区，为乡村经济的发展提供了大力支持。

10.2 数字普惠金融及新疆农民农村发展现状

10.2.1 新疆数字普惠金融发展情况

（1）总体发展情况

近年来，新疆的数字普惠金融服务已经取得了显著进展，特别是在扩大金融服务的覆盖范围和深度方面。政府的积极推动和多家金融机构的参与，推助着数字普惠金融服务在全疆范围内普及。如表 10-1 所示，新疆普惠金融总指数从 2011 年的 20.34 到 2022 年的 342.66，年均增长了 94.06%；其中覆盖广度从 2011 年的 12.92 到 2022 年的 364.46，增长了年均 96.45%；使用深度从 2011 年的 23.60 到 2022 年的 268.69，年均增长了 91.22%；数字化程度从 2011 年的 38.92 到 2022 年的 405.12，年均增长了 90.39%。由此可以看出，新疆普惠金融的数字化程度在不断加深，在数字化程度方面发展潜力很大。

表 10-1　2011—2022 年新疆数字普惠金融发展情况

年份	数字普惠金融指数	覆盖广度指数	使用深度指数	保险业务指数	数字化程度
2011	20.34	12.92	23.60	51.84	38.92
2012	82.45	60.88	85.14	159.44	148.76
2013	143.40	101.44	146.39	422.50	276.48
2014	163.67	151.28	134.87	487.16	256.91
2015	205.49	172.01	148.60	397.95	419.40
2016	208.72	190.32	190.11	490.82	303.31
2017	248.69	228.82	249.10	539.02	313.56
2018	271.84	267.35	232.94	491.33	357.37
2019	294.34	293.48	256.31	557.77	366.30
2020	308.35	310.22	273.85	498.32	364.88
2021	341.77	345.92	313.19	463.79	379.99
2022	342.66	364.46	268.69	378.64	405.12

数据来源：北京大学数字金融研究中心

新疆地区的数字普惠金融发展趋势如图 10-1 所示，其数字普惠金融指数，覆盖广度指数，使用深度指数，数字化程度逐年上涨，在其发展的 12 年间取得了长足的进步，2022 年的数字普惠金融指数同 2011 年相比增长了 1584%。在

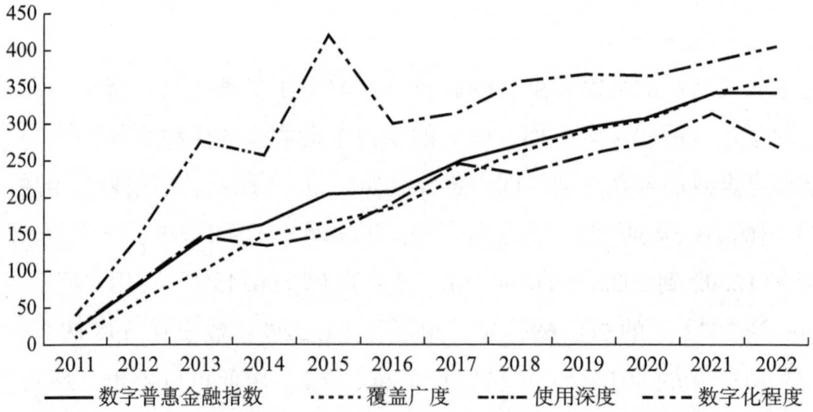

图 10-1　2011—2022 年新疆数字普惠金融指数变化情况

数据来源：北京大学数字金融研究中心

过去，新疆地区经济发展相对迟缓，当地居民大多外出打工谋生，且由于特殊的地理环境，地广人稀，金融服务难以发展。近年来，随着现代化水平的提高，“一带一路”倡议的推进，新疆作为通往中亚地区的对外重要通道，经济发展的水平正稳步提高，有力促进了数字普惠金融的发展，其覆盖广度，在这 12 年间，持续上升。在使用深度方面，整体呈现增长趋势，但由于受到疫情影响，2021—2022 年出现了一定比例的下滑。

（2）各地区发展情况

表 10-2 为 2011—2022 年新疆各地数字普惠金融指数表，从表 10-2 当中，我们可以看出，自 2011 年起，受移动互联网普及和金融科技政策推动，新疆各地州的数字普惠金融指数明显呈现上升趋势。乌鲁木齐市作为新疆的首府，其数字普惠金融指数引领全区，数字普惠金融指数从 67.95 增长至 304.60，增幅达 348%，年均复合增长率约 14.3%。而起点较低的南疆地区随着政策支持的倾斜及数字基础设施的完善，其增长更为迅速，例如，和田地区从 28.78 增至 234.19，增幅 714%，年均增速 21.5%，增速高于乌鲁木齐市。

表 10-2 2011—2022 年新疆各地区数字普惠金融指数

年份/地区	2011	2012	2013	2014	2015	2016	2017	2018	2019	2020	2021	2022
乌鲁木齐市	67.95	111.16	158.68	161.46	194.28	214.52	242.41	250.54	266.04	275.20	301.44	304.60
吐鲁番市	37.43	87.35	108.08	139.90	166.33	178.40	206.95	214.80	—	—	257.75	258.00
哈密市	55.97	96.65	124.58	140.83	174.90	193.23	177.89	218.44	242.43	254.94	284.60	283.52
昌吉回族自治州	44.08	84.55	124.41	135.74	162.66	189.20	230.89	226.12	240.42	250.52	278.17	282.85
博尔塔拉蒙古自治州	42.47	110.27	119.94	141.04	175.39	190.30	211.56	217.82	228.21	239.58	274.85	274.06
巴音郭楞蒙古自治州	47.84	87.44	123.70	159.86	179.39	195.52	222.77	230.32	243.74	254.61	282.59	280.44
阿克苏地区	30.79	53.95	100.39	147.42	151.42	176.88	198.72	210.64	220.22	229.54	260.68	259.15

续表

年份/地区	2011	2012	2013	2014	2015	2016	2017	2018	2019	2020	2021	2022
克孜勒苏柯尔克孜自治州	29. 48	72. 86	91. 61	130. 21	150. 28	167. 95	192. 30	204. 38	213. 20	218. 20	247. 46	257. 29
喀什地区	30. 79	56. 46	97. 98	117. 78	147. 43	160. 48	187. 81	199. 70	207. 92	212. 42	247. 73	243. 38
和田地区	28. 78	40. 15	108. 93	155. 33	136. 30	151. 77	182. 31	196. 44	202. 68	210. 46	241. 70	234. 19
伊犁哈萨克自治州	29. 18	73. 21	105. 28	138. 81	154. 93	163. 58	193. 40	200. 80	210. 80	219. 53	259. 64	258. 64
塔城地区	25. 91	86. 71	104. 30	128. 79	161. 96	173. 99	206. 46	212. 21	225. 30	236. 07	268. 66	272. 91
阿勒泰地区	37. 52	47. 97	90. 37	130. 81	153. 90	198. 37	201. 51	209. 73	215. 48	226. 55	262. 34	264. 46
克拉玛依市	77. 81	104. 33	145. 40	169. 84	194. 43	217. 55	240. 02	248. 66	261. 69	273. 37	294. 91	291. 81

数据来源：北京大学数字金融研究中心

表 10-3　2022 年新疆各地区数字普惠金融发展情况

	数字普惠金融指数	覆盖广度	使用深度	数字化程度
乌鲁木齐市	304. 60	347. 84	232. 58	292. 70
吐鲁番市	258. 00	287. 38	187. 16	289. 76
哈密市	283. 52	317. 37	223. 21	281. 33
昌吉回族自治州	282. 85	320. 87	211. 91	286. 20
博尔塔拉蒙古自治州	274. 06	307. 19	205. 76	288. 80
巴音郭楞蒙古自治州	280. 44	310. 68	219. 21	291. 89
阿克苏地区	259. 15	286. 07	191. 04	294. 04
克孜勒苏柯尔克孜自治州	257. 29	283. 50	197. 95	278. 61
喀什地区	243. 38	267. 91	173. 82	288. 81
和田地区	234. 19	252. 31	170. 13	290. 80
伊犁哈萨克自治州	258. 64	290. 10	188. 92	281. 51
塔城地区	272. 91	301. 90	211. 52	288. 76
阿勒泰地区	264. 46	287. 67	205. 38	295. 22
克拉玛依市	291. 81	320. 01	241. 53	290. 10

数据来源：北京大学数字金融研究中心

如表 10-3 所示，数字普惠金融指数排在前三的地区分别是乌鲁木齐市、克拉玛依市、哈密市。乌鲁木齐市作为新疆的首府城市，无论是经济发展，还是数字化发展程度，均居于全自治区前列，得益于当地特殊的地理位置，其作为自治区的交通枢纽，无论是交通还是通信，综合枢纽地位突出，其数字普惠金融指数程度和覆盖广度皆为全区最高。克拉玛依市作为新疆重要的能源城市，依托于油田信息化建设和智慧城市建设，数字基础设施日益完善，为数字普惠金融发展创造了条件，该市数字普惠金融指数位居全疆第二，使用深度指数以 241.53 高居全疆首位。哈密市虽然数字化程度略低，但其作为入疆的必经之地，交通带动了数字普惠金融的覆盖广度和使用深度。

反观和田地区、喀什地区和克孜勒苏柯尔克孜自治州位列末三位，这些地区位处南疆，经济发展水平相对落后，数字基础设施建设较为薄弱，金融服务活跃度不足，制约了数字普惠金融的发展。由此对比可以发现，新疆数字普惠金融发展呈现明显的南北疆差异，北疆地区整体发展水平较高，平均指数达 278.45，而南疆地区发展相对滞后，平均指数为 248.92，与北疆地区相差 29.53。从具体指标来看，覆盖广度差距为 30.58；使用深度差距为 23.64；数字化程度相差较小，仅为 2.4，表明南北疆数字技术应用差距较小。

10.2.2　新疆城乡收入差距现状

（1）新疆城乡收入差距变化情况

随着我国改革开放的不断深入，新疆的经济展现出持续且稳健的增长态势，城乡居民的收入水平逐年攀升，生活质量得到了显著提高。然而，城乡居民收入的增长速度并未与经济增速保持同步，收入差距问题依然显著存在。如表 10-4 所示，新疆的城镇居民人均可支配收入和农村居民人均可支配收入在 2018—2023 年均呈现出逐年增长的趋势。反映出新疆经济在持续增长的过程中，城乡居民的收入水平都在稳步提高。新疆城乡居民之间的收入差距呈现出明显的缩小趋势。收入水平比从 2018 年的 2.7 下降到 2022 年的 2.3，说明城乡居民之间的收入差距在逐渐缩小，农村居民有更多的机会参与到经济活动中，从而提高了他们的收入水平。政府也在采取一系列促进“三农”发展的措施来缩小城乡收入差距，例如加大对农村地区的投入，提高农业生产的效益，以及改善农村基础设施等。

表 10-4　2018—2023 年新疆城乡收入变化分析　（单位：元）

	城镇居民人均可支配收入	农村居民人均可支配收入	收入水平比
2018	32764	11975	2.7
2019	34664	13122	2.6
2020	34838	14056	2.5
2021	37642	15575	2.4
2022	38410	16550	2.3
2023	40578	17948	2.3

数据来源：新疆国民经济和社会发展统计公报

（2）新疆城乡居民收入差距与全国水平的对比分析

表 10-5　2018—2022 年新疆和全国城乡收入变化比较　（单位：元）

	新疆居民人均可支配收入				全国居民人均可支配收入			
	城镇	农村	城乡收入差额	收入水平比	城镇	农村	城乡收入差额	收入水平比
2018	32764	11975	20789	2.7	39251	14617	24634	2.69
2019	34664	13122	21542	2.6	42359	16021	26338	2.64
2020	34838	14056	20782	2.5	43834	17131	26703	2.56
2021	37642	15575	22067	2.4	47412	18931	28481	2.50
2022	38410	16550	21860	2.3	49283	20133	29150	2.45
2023	40578	17948	22630	2.3	51821	21691	30130	2.39

数据来源：新疆和中国国民经济和社会发展统计公报

从表 10-5 可以看出，新疆与全国城乡居民收入差距的变化趋势存在一定的相似性，但也存在一些明显的差异。在 2018—2023 年间，新疆和全国的城乡居民收入均呈现稳定增长的态势。但新疆地区的城乡收入差距在近六年间低于全国城乡收入差距。从政策导向来看，新疆一直受到国家政策的大力扶持，西部大开发战略等的实施，“三农”政策的支持等，不断加大新疆农村基础设施建设，推动农业现代化，使得新疆城乡居民收入差距没有持续增加，且收入水平有缩小的趋势。政策的实施在一定程度上缩小了新疆城乡居民收入差距，但在差额上仍然没有较大的改善，有待进一步加强和完善。同时，与全国居民人均可支配收入比较而言，新疆城镇居民人均可支配收入和农村居民可支配收入均低于全国数值。

（3）新疆各地州城乡收入差距情况

如表 10-6 所示，2022 年新疆各地州城镇居民人均可支配收入中，克拉玛依居首位，城镇居民人均可支配收入达到 53903 元，排名前三的分别是克拉玛依市、乌鲁木齐市、哈密市地区，收入均超过四万元。在农村居民人均可支配收入方面，收入最高的仍然是克拉玛依市，为 37420 元，乌鲁木齐为 26110 元，昌吉回族自治州为 24667 元，最低的是克孜勒苏柯尔克孜自治州，仅 11310 元，和排在首位的克拉玛依市相较而言，差额 14800 元。此外，和田地区、喀什地区的农村居民人均可支配收入也未超过 1.5 万元。从各个地州所处的地域范围来看，南疆各地州中除巴音郭楞蒙古自治州和阿克苏地区，其他各地州的城镇居民人均可支配收入和农村居民人均可支配收入均比北疆地州低，这主要是因为各地州在地理及经济发展环境、产业结构、自然资源等方面存在差异。

表 10-6　2022 年新疆各地州城乡收入比较　　（单位：元）

地区	城镇居民人均可支配收入	农村居民人均可支配收入	城乡收入比
乌鲁木齐市	46276	26110	1.77
克拉玛依市	53903	37420	1.44
吐鲁番市	38339	18095	2.12
哈密市	40575	21871	1.86
昌吉回族自治州	38085	24667	1.54
伊犁哈萨克自治州	36160	18415	1.96
塔城地区	31067	23299	1.33
阿勒泰地区	35624	17005	2.09
博尔塔拉蒙古自治州	37853	22689	1.67
巴音郭楞蒙古自治州	36448	22596	1.61
阿克苏地区	36990	17517	2.11

续表

地区	城镇居民人均可支配收入	农村居民人均可支配收入	城乡收入比
克孜勒苏柯尔克孜自治州	30420	11310	2.69
喀什地区	32547	14026	2.32
和田地区	33579	11456	2.93

数据来源：新疆各地州国民经济和社会发展统计公报

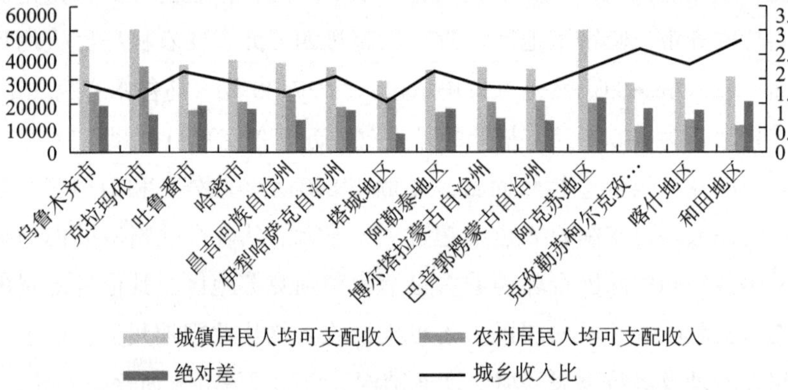

图 10-2　2022 年新疆各地州城乡收入比较（单位：元）

数据来源：新疆各地州国民经济和社会发展统计公报

从城乡收入比来看，表 10-6 数据显示，新疆各地州的城乡收入存在较大的差异。其中，最高的城乡收入比出现在和田地区，达到 2.93，意味着农村居民人均可支配收入仅为城镇居民的约三分之一。而最低的城乡收入比是塔城地区，为 1.33，说明塔城地区的城乡收入差距相对较小。细分到南疆和北疆区域来看，南疆中除巴音郭楞蒙古自治州（1.61）外，其他各地州城乡收入差距均比较大，尤其是克孜勒苏柯尔克孜自治州和和田地区的城乡差距最大，分别为 2.69 和 2.93，而从全疆的角度来看，这两个地区的城乡收入差距问题也是最大的。从南北疆整体来看，南疆的城乡收入差距更大一些，就北疆地区的城乡收入差距而言，最大的是吐鲁番市（2.12），其次是阿勒泰地区（2.09），而城乡收入差距最小的是塔城地区（1.33）。

10.2.3　新疆农民收入情况

表 10-7　2010—2022 年新疆地区农村居民收入情况　（单位：元）

年份	农村人均可支配收入	工资性收入	经营性收入	财产性收入	转移性收入
2010	4642	556	3649	126	309
2011	5442	804	3887	147	603
2012	6393	1008	4238	170	975
2013	7846	1311	4654	230	1100
2014	8723	1848	5179	228	1467
2015	9425	2131	5397	209	1686
2016	10183	2527	5641	222	1791
2017	11045	2796	6036	232	1978
2018	11974	2945	6623	235	2170
2019	13121	3409	6762	259	2690
2020	14056	4024	6371	299	3360
2021	15575	4710	7285	353	3226
2022	16549	5398	7116	526	3507

数据来源：《新疆统计年鉴》

近几年来，随着新疆农业生产发展、社会主义新农村建设的推动，新疆农民的收入逐渐提高，生活条件也是逐渐改善。从 2010—2022 年，新疆农村的可支配收入显著性提升。最早时期，农民依赖于经营收入，在这 13 年间，新疆农村地区的工资性收入增速明显，得益于社会经济不断发展，但经营性收入仍然是农村地区的主要收入来源之一，这与数字普惠金融的覆盖发展十分契合，相对于稳健性收入来源，依赖于经营性收入的人群往往更愿意承担一定的风险获取收益，同时他们也是促进资金流通的重要角色之一。

10.2.4　数字普惠金融与农民收入的关系

数字普惠金融和农民收入之间存在着密切的关系。随着数字普惠金融的推广，农民获得金融服务更加方便、更加快捷，这也使得农村居民提高了收入和生活水平。

如图 10-3 所示，可以看出新疆农民可支配收入和数字普惠金融指数从 2011 年开始至 2022 年都在稳定上升，由此可以看出新疆农民可支配收入和新疆数字普惠金融指数呈同向变动。

数字普惠金融有助于降低农民的交易成本、帮助农民规避风险、保障其生产成果，数字普惠金融的推广对农村经济进步发挥积极推动作用，这将进一步引导和吸引更多的资金流入农村地区，从而有力地推动农村经济的持续发展，农民的收入水平和生活质量也将得到提升和改善。

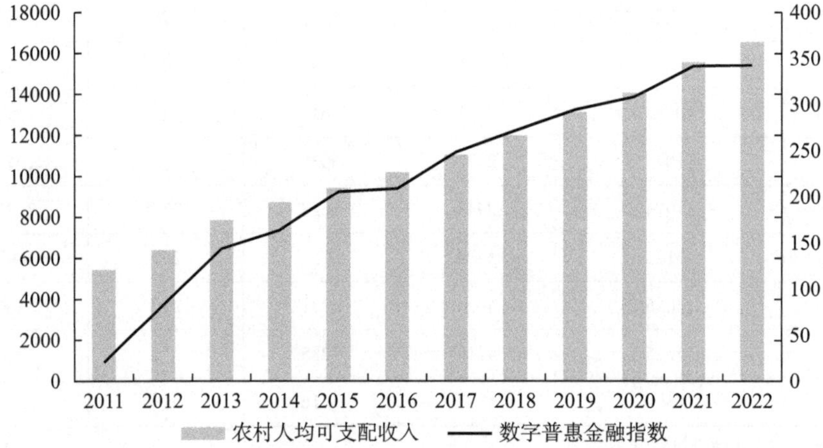

图 10-3　2011—2022 年新疆农民可支配收入与数字普惠金融指数

数据来源：《中国统计年鉴》和北京大学数字普惠金融指数

10.3　数字普惠金融对农民农村共同富裕的影响

10.3.1　变量选取与模型设定

（1）变量选取

被解释变量：被解释变量是农民农村共同富裕程度，通过新疆 2011—2022 年泰尔指数反映出的收入差距水平来反映农民农村共同富裕程度，城乡收入差距越小，说明农民农村共同富裕程度越高。

解释变量：核心解释变量为数字普惠金融水平，用北京大学数字金融研究中心和蚂蚁金服集团编制的新疆2011—2022年数字普惠金融指数除100进行计算。

控制变量：财政支农水平（agr）用农林水事务支出与财政一般预算支出的比值衡量该控制变量；产业结构（est）用第三产业增加值与第二产业增加值的比值衡量该控制变量。

（2）模型设定

为了探讨解释变量和被解释变量之间的关系，模型构建如下：

$$theil_i = \beta_0 + \beta_1 fin_i + \beta_2 agr_i + \beta_3 est_i + \varepsilon_i \# \tag{1}$$

其中，i 为年份，β 为待估参数，$theil_i$ 为农民农村共同富裕程度，fin_i 为数字普惠金融水平，agr_i、est_i 为控制变量，ε_i 为随机误差项。β_1 为数字普惠金融对农民农村共同富裕程度的影响系数。

10.3.2 描述性统计

为了深入了解数字普惠金融指数和城乡居民收入比等关键数据，本研究基于2011—2022年新疆的统计数据进行了详尽的统计分析。从表10-8中可以看出，数字普惠金融总指数的最大值和最小值相差较大，说明新疆2011—2022年数字普惠金融的发展变化迅速。根据最大最小值的数据可以看出，收入差异水平明显改善，农民农村共同富裕程度显著提升。

表10-8 描述性统计

	N	最小值	最大值	均值	标准偏差
theil	12	0.073056	0.125840	0.10512083	0.017216574
fin	12	0.2034	3.4266	2.193100	1.0219094
est	12	0.773065	1.469547	1.19696263	0.232189944
agr	12	0.126314	0.230014	0.16043458	0.032171893

10.3.3 结果分析

（1）相关性分析

首先进行相关性分析，初步检验各变量间是否具有相关性，以及后续的回归分析是否成立。下表为各变量的相关性，从结果可以看出，数字普惠金融水平、财政支农水平的P值小于0.05，拒绝原假设，泰尔指数与数字普惠金融水平、财政支农水平呈显著负相关关系，即农民农村共同富裕程度与数字普惠金融、财政支农水平呈正相关关系。

表10-9 相关性分析结果

		theil	fin	est	agr
theil	皮尔逊相关性	1			
	Sig.（双尾）				
fin	皮尔逊相关性	-0.882**	1		
	Sig.（双尾）	0.000			
est	皮尔逊相关性	-0.433	0.751**	1	
	Sig.（双尾）	0.160	0.005		
agr	皮尔逊相关性	-0.817**	0.705*	0.444	1
	Sig.（双尾）	0.001	0.010	0.148	

**. 在0.01级别（双尾），相关性显著；*. 在0.05级别（双尾），相关性显著。

（2）回归结果分析

回归分析结果如下表所示，从回归结果可以看出，数字普惠金融水平、财政支农水平及产业结构的P值均小于0.05，其中数字普惠金融水平、财政支农水平的系数为负，说明新疆2011—2022年的数字普惠金融的发展和财政对农业农村发展的支持显著缩小了收入差距，对农民农村共同富裕有促进作用；产业结构的系数为正，说明其发展在一定程度上扩大了收入差距，未能够对农民农

表10-10 回归结果分析

模型		未标准化系数		标准化系数 Beta	t	显著性	共线性统计	
		B	标准错误				容差	VIF
1	（常量）	0.097	0.017		5.606	0.001		
	fin	-0.011	0.002	-0.655	-6.002	0.000	0.497	2.012
	agr	-0.174	0.059	-0.326	-2.976	0.018	0.493	2.029
	cz	0.160	0.039	0.317	4.085	0.004	0.981	1.019

a. 因变量：theil

村共同富裕有促进作用，这可能是因为目前我国二三产业依然主要集中在城市地区，农村二三产业发展滞后。

10.4　数字普惠金融促进农民农村共同富裕的对策建议

10.4.1　加快农村产业结构升级

一是，聚焦产业结构优化，大力发展契合当地特色的现代农业。一方面，积极引入前沿农业技术与先进管理经验，实现农业生产的提质增效。借助智能化灌溉系统精准调控水资源，运用大数据分析优化种植方案，让农产品不仅产量可观，品质更是卓越上乘，大幅提升市场竞争力；另一方面，因地制宜推动种粮与种养一体化模式，实施粮食产能提升专项行动。依据不同区域的土壤、气候条件，合理布局粮食生产，优化种植结构，同时推广农业机械化作业，全面普及棉花等作物从种植到采收的全程机械化流程，显著降低人力成本，切实提高农业产出效率，保障农民收益稳步增长。

二是，深挖乡村旅游潜力，充分利用当地得天独厚的自然风光与丰富多彩的民族文化资源，精心打造特色乡村旅游产业。修缮古朴的村落建筑，开发民俗体验活动，让游客沉浸式感受乡村魅力，使大量游客纷至沓来，从而带动餐饮、住宿等相关产业协同发展，为农民创造丰厚的旅游收入，拓宽增收渠道。

三是，强化农村基础设施建设，筑牢农村发展根基。大力改善农村道路状况，让平坦宽阔的柏油路通村入户，便利农产品运输与游客往来；优化供水供电系统，确保稳定、安全的水电供应，提升农民生活舒适度；同时，持续加大对农村教育、医疗、文化等公共服务领域的投入。新建现代化教学楼，配备先进教学设备，吸引优秀师资扎根乡村，为农村培养高素质人才；完善医疗设施，定期组织医疗团队下乡义诊，提升农民健康保障水平；搭建文化活动中心，传承与弘扬乡村特色文化，丰富农民精神生活，为农村经济的持续发展注入源源不断的动力。

四是，多管齐下助力人才振兴与市场拓展。一方面，高度重视农民技能提升，常态化开展职业技能培训，涵盖电商运营、农产品加工等实用领域，全面提高农民就业与创业能力；积极鼓励高校毕业生、专业技术人员投身农村创业大潮，为农村产业结构升级注入创新活力与智慧源泉。另一方面，全力扶持农村第二、三产业崛起，重点发展农副产品加工业，延伸农业产业链，提升产品附加值；借助互联网优势，发展农村电商，打破地域限制，拓宽农产品销售边界；并通过建立长期稳定的农产品销售渠道与广泛覆盖的市场网络，保障农产品顺畅流通，让农民辛勤劳作的成果转化为实实在在的经济收益。

10.4.2 加大政府的扶持力度

首先，政府应制定支持数字普惠金融发展的政策措施，以激励金融机构和科技企业加大在农村地区的投入。一方面可以通过提供专项资金支持、鼓励金融产品和服务进行创新、引导金融机构增加信贷投放等措施，有效地为农村居民和乡村企业提供扶持。另一方面可以采取税收优惠和财政补贴的措施，通过对参与数字普惠金融和乡村振兴项目的企业和金融机构提供税收减免，降低其运营成本，激励更多企业投身于农村金融服务。同时，设立专项财政补贴，用于支持农村地区的数字金融基础设施建设、金融科技创新和推广项目，确保项目的可持续发展。

其次，加强社会服务体系的建设，提高农村居民生活质量，改善乡村企业经营环境。一方面，政府可以加大对农村基础设施的投资力度，完善农村基础设施，助力农村经济发展。另一方面，政府还可以加强政策宣传，确保政策可以落实到每一个农村居民和乡村企业身上。通过上述措施的实施，政府可以有效地加大对农村居民和小微企业的扶持力度，促进当地经济的发展和社会的稳定。

10.4.3 扩展数字普惠金融产品类型

首先，金融机构可以利用数字平台针对农村居民和小微企业，提供小额信贷产品、农业保险、农产品期货等金融产品和供应链金融服务。小额信贷产品简化审批流程，可以满足创业和扩大生产的资金需求；农业保险有助于规避自然和市场风险，保障农业生产的稳定；农产品期货和其他衍生品为农民提供了价格风险管理的工具；而供应链金融服务则支持了整个农产品产业链的融资需求，促进产业链的稳定运转。这些金融产品和服务共同构成了农业发展的有力支撑，有助于推动农村经济的持续健康发展。

其次，金融机构应深入调研新疆农村市场的实际需求，根据特色产业和资源条件推广差异化的金融产品，同时加强金融基础设施建设，发展优化数字普惠金融服务，以便为新疆农村居民和企业提供更为精准、便捷、高效的金融支持。这些举措将有助于满足农村居民多元化的金融需求，推动农村经济的持续发展。

10.4.4　持续提升金融机构服务能力

为推动新疆地区金融服务的优化与发展，金融机构应与专业人士或机构建立合作关系，共同开发新的金融产品或服务模式，提高金融机构的市场竞争力；邀请专家参与市场调研和分析，深入了解客户需求和行业趋势，为金融产品的设计和优化提供依据；加强金融人才的培养和引进，重视对新疆金融机构现有员工的在职培训和技能提升；鼓励采用先进的金融科技，通过科技手段简化业务流程；扩大服务网络，推广移动支付终端，确保金融服务的基本覆盖；开发创新金融产品；提高服务质量，优化客户体验；强化风险管理，培育合规文化，并深化政银合作。这些举措将有助于提高新疆金融机构的服务水平和风险控制能力，满足不同群体的金融需求，促进新疆地区经济的稳健发展。同时，通过政府与金融机构的紧密合作，可以共同推动新疆地区金融服务的普及和优化，为当地居民和企业提供更加便捷、高效的金融支持。

10.4.5　提高农村居民的金融素养

农村居民应积极学习有关的金融知识，主动阅读金融类书籍，积极参加政府、金融机构或社区组织的金融知识讲座、培训班等活动，有效利用互联网资源。应将金融知识应用到日常生活中，开设适合自己的银行账户，学习如何管理账户，进行转账、支付等操作。还可以尝试金融投资，在接受发生风险的前提下，尝试购买基金、债券等金融产品，积累投资经验，提升投资意识。多关注国家发布的金融政策和金融市场的变化。同时，他们还应建立风险意识，理性对待金融产品和工具。

10.5 本章小结

本章深入探讨了新疆数字普惠金融及农民收入发展情况，通过构建回归模型分析数字普惠金融对农民农村共同富裕方面的影响，并提出了加快农村产业结构升级、加大政府的扶持力度、扩展数字普惠金融产品类型、持续提升金融机构服务能力、提高农村居民的金融素养等对策，为相关政策的制定和实施提供科学依据，以期更好发挥数字普惠金融的社会经济效应，更好地服务于农业农村经济的发展，促进农民农村共同富裕。

11　乡村产业振兴赋能农民农村共同富裕的路径研究

产业振兴是乡村振兴的重要基础和前提，农民富、农业强、农村美是产业振兴的终极目标，产业是发展的根基，也是全面推进乡村振兴的主要途径和长久之策。通过发展产业，特别是新兴产业和特色产业，来带动地方经济发展，增加就业机会，提高人民收入水平，从而达到繁荣经济、改善民生的目的。产业振兴对于推动乡村经济社会发展具有重要意义。产业振兴的关键在于因地制宜，根据当地的资源优势，发展适合本地区的产业。首先，产业振兴是对现有农业发展体系的调整与补充，不断完善当前农业生产的模式，提高农业生产的效率，促使乡村地区构建现代化农业发展体系，进而实现农民增产增收。其次，产业振兴是对现有乡村产业体系的强化和完善，通过政策扶持、科技提升等，帮助乡村企业实现质量、效率的提升，拓宽乡村企业的销售渠道和发展模式，让乡村企业的发展成为带动村民发家致富的重要增长点。最后，产业振兴是乡村地区第一产业、第二产业、第三产业综合发展的体现，通过产业振兴带动乡村企业快速发展，不断提升第二产业、第三产业在乡村经济发展中的占比，实现全产业的稳步增长。

共同富裕是社会主义发展的内在要求，也是当前我国社会发展的核心目标。共同富裕的基础是解放和发展生产力，这就需要大力发展生产业，切实提高社会物质生产水平，让更多的商品进入到社会中流通，让全体社会成员有条件、有能力享受所有商品和服务。对于共同富裕来说，乡村是薄弱地区，提升乡村地区经济发展速度、壮大乡村产业规模，缩小城乡发展差距，需要切实提升乡村发展活力，提升乡村物质文化水平，改善乡村经济生产条件，有步骤、有计划地优化乡村发展的模式，在科技、生态、产业、人才、教育等方面不断完善乡村发展。促进共同富裕要从乡村振兴着手。乡村振兴的重点是产业兴旺，农村产业融合是实施乡村振兴战略的重要体现，更是农村经济高质量发展的应有之义和重要保障，为创新产业发展模式提供新思路、新见解、新模式，对催化新的科技成果和优化产业结构产生深远影响。从共同富裕角度看，产业振兴是产业扶贫的巩固版和升级版，乡村产业振兴有利于不断增加低收入群体收入，进一步缩小城乡收入差距。因此，需要从乡村产业着手，打造高效、高质、令人民满意的乡村产业。

11.1 新疆乡村产业发展现状

11.1.1 新疆乡村经济发展现状

新疆在民族分布等方面均表现出不均衡的特点，距离城市越近，行政村分布越多、人口越密集、越呈现出多民族混居的局面。同时，乡村经济发展也表现出较强的地域分布特点，在大中城市周围乡村经济产业的种类、繁荣程度远超远离大中城市的乡村，其中，大中城市周围乡村承接城市经济转型升级的溢出效应，这对于乡村经济发展、劳动力就业来说极为关键。并且乡村在产业规模、种类上也向着多元化方向发展，旅游业、农产品深加工、农业工业产品等都有所发展，借助网络直播等平台进行销售推广，扩大了乡村知名度，成为乡村发展的主要经济支柱。远离城市的乡村，城乡结构差异化明显，区域内产业发展乏力，经济活力低迷，乡村发展缓慢。

在乡村经济方面，从2015年开始，新疆乡村经济表现出较强的态势，农产品销售、畜牧肉类销售等成为新疆乡村经济发展的重要产业，在网络直播带货的推动下，更多的新疆农产品获得全国人民的认可，在销售等方面都获得较大的成功。

表11-1 2015—2022年新疆乡村经济现状 （单位：万元）

年份	2015	2016	2017	2018	2019	2020	2021	2022
乡村经济总额	8798	10120	12717	14713	15777	17446	18905	21980
农产品经济总额	2265	2756	3267	3956	4471	5027	6214	7749

续表

年份	2015	2016	2017	2018	2019	2020	2021	2022
畜牧产品总额	5547	6207	6985	7440	7658	8841	9024	9653
其他产品总额	986	1157	2465	3317	3648	3578	3667	4578

数据来源：《新疆统计年鉴》

在乡村就业方面，新疆劳动力人口家门口就业的比例逐年提升，据不完全统计，2015 年新疆适龄劳动力人口家门口就业比例为 26. 7%，到 2022 年年底这一比例达到 61. 27%，并且劳动力的就业机会也在逐年增加，乡村地区每年新增就业岗位呈现出逐年增长的态势。

表 11-2　2015—2022 年新疆乡村地区就业情况

年份	2015	2016	2017	2018	2019	2020	2021	2022
就业岗位增加数量（个）	7548	8869	12045	11567	12478	10245	10388	10147
就业人数（人）	132654	145217	146985	155326	169567	180362	176548	178857

数据来源：新疆人力资源厅

11. 1. 2　新疆乡村产业发展重点工作

当前新疆乡村产业发展初具规模，在产业布局、科技创新、增产增收等方面均表现出较强的活力。

在产业布局方面，2022 年新疆农村工作会议指出，以区域城市为核心，向周围乡村地区辐射扩散，逐步构建起城市、乡村产业互补、经济联动的环形产业模式。当前，乌鲁木齐市在带动周围乡村发展方面稳步推进，乡村旅游、绿色农业、绿色养殖业等多元化发展，并且依托乌鲁木齐市高校科技实力，帮助乡村产业在生产效率、产品质量等方面进行转型升级，拓宽周围乡村发展道路。

在科技创新方面，自治区政府注重产业发展的科技实力，连续多年推出“高校+乡村”的联合发展战略，依托高校科技资源帮助农村产业升级换代，逐步形成产业发展的新模式。以乌鲁木齐市为例，在 2020—2022 年间，有超过 20 所高校与周围乡村进行产业科技合作，重点就农业种植、农畜养殖、农产品制造等方面进行合作，经济规模不断扩大，产业发展迅速。

在增产增收方面，将提升居民生活物质水平作为重要的切入点，通过鼓励、支持农业增产增收，有计划有步骤地推动新疆农村经济发展。在巴州地区，当地政府推出多项扶持乡村产业发展的计划，通过招商引资实现产业的建设、投产与销售，切实带动乡村经济发展。

11.1.3 新疆乡村产业发展主要成效

在乡村产品发展方面，当前新疆乡村产业种类发展迅速，除传统的农产品、畜牧业外，乡村旅游发展也成为一大特色，多地乡村依托特色景观开展乡村旅游，仅 2023 年前三季度，全疆接待乡村旅游游客约 8056.67 万人次，同比增长 81.69%，实现乡村旅游收入 278.33 亿元，有力地推进了新疆乡村共同富裕发展。

在城乡居民收入方面，如表 11-3 所示，2023 年城市居民人均可支配收入为 40578 元，比上年增长 5.6%；乡村居民人均可支配收入为 17948 元，比上年增长 8.4%。这表明新疆在推动经济发展和提高居民收入特别是农村居民收入方面取得了积极成效。

表 11-3 新疆城乡居民人均可支配收入现状

年份	2018	2019	2020	2021	2022	2023
城市居民人均可支配收入（元）	32764	34664	34838	37642	38410	40578
乡村居民人均可支配收入（元）	11975	13122	14056	15575	16550	17948
城市居民人均可支配收入增长率	6.5%	5.8%	0.5%	8.0%	2.0%	5.6%
乡村居民人均可支配收入增长率	8.4%	9.6%	7.1%	10.8%	5.9%	8.4%

数据来源：《中经数据》

11.1.4 新疆乡村产业发展水平测度

（1）乡村产业发展水平指标体系构建

基于指标选取的科学性、可得性以及可比性原则，选取了新疆 2011—2023 年生产能力、生产条件、生产效益三大维度的 8 个指标来评价其乡村产业发展水平。用粮食单产和劳动生产率反映生产能力，每公顷粮食产量越高，劳动生产率越高，生产能力则越强。在表示生产条件时，采用人均用电量、农业机械化水平、单位面积化肥使用量与有效灌溉面积来表示。选用农村居民人均可支配收入和村卫室个数来反映乡村产业发展带来的共享效益。指标体系如表 11-4 所示。

表 11-4　新疆乡村产业高质量发展水平指标体系

维度	指标	指标计算	属性
生产能力	粮食单产	粮食产量/粮食播种面积	正
	劳动生产率	第一产业增加值/农村人口	正
生产条件	人均用电量	农村用电量/农村人口	负
	农业机械化水平	农业机械总动力/农作物播种面积	正
	单位面积化肥使用量	农用化肥施用折纯量/农作物播种面积	负
	有效灌溉面积	直接数据	正
生产效益	农村居民人均可支配收入	直接数据	正
	村卫生室个数	直接数据	正

（2）乡村产业发展水平测度方法

首先，在测度方法的选择上，熵值法较为客观，在一定程度上可以避免不必要的误差，所得数据较为科学、准确。熵值法测算综合得分的步骤如下：

第一步，指标统一化。

正向指标：

$$S_{ij} = \frac{Y_{ij} - \min_{(Y_j)}}{\max_{(Y_j)} - \min_{(Y_j)}} \tag{1}$$

负向指标：

$$S_{ij} = \frac{\max_{(Y_j)} - Y_{ij}}{\max_{(Y_j)} - \min_{(Y_j)}} \tag{2}$$

S 为各指标的标准化值，Y 为各指标的实际值，i 表示年份，j 表示指标，max 和 min 分别表示第 j 个指标的最大值和最小值。标准化处理后各个指标取值介于 0—1 之间。

第二步，计算各项指标所占比重。

$$P_{ij}=\frac{S_{ij}}{\sum_{i=1}^{n}S_{ij}} \tag{3}$$

其中，Pij 表示第 i 年第 j 个指标所占比重。

第三步，计算各项指标熵值。

$$E_j=-\frac{1}{\ln n}\sum_{i=1}^{n}P_{ij}\ln(P_{ij}) \tag{4}$$

第四步，计算每个指标差异系数。

$$D_j=1-E_j \tag{5}$$

第五步，计算各项指标权重。

$$W_j=\frac{D_j}{\sum_{j=1}^{k}D_j} \tag{6}$$

第六步，计算综合得分。

$$Rural_i=\sum_{j=1}^{k}W_jS_{ij} \tag{7}$$

（3）乡村产业发展水平测度结果

新疆乡村产业发展水平结果如表 11-5 所示。

表 11-5　2011—2023 年新疆乡村产业发展水平

年份	2011	2012	2013	2014	2015	2016	2017	2018	2019	2020	2021	2022	2023
发展水平	0. 22	0. 38	0. 52	0. 52	0. 54	0. 42	0. 44	0. 46	0. 49	0. 52	0. 64	0. 70	0. 73

由表 11-5 可以看出，新疆乡村产业发展指数在 2011 年为 0. 22，到 2023 年增长至 0. 73，整体呈现上升趋势。表明在这 13 年间新疆乡村产业的发展质量在不断提高。在 2011—2015 年，指数从 0. 22 增长到 0. 54，增长幅度较大，显示出这一时期新疆乡村产业发展取得了显著进步。在 2016 年指数出现了一次明显的下降，这可能与当年的经济、社会或环境因素有关。从 2017 年开始，指数再次呈现上升趋势，显示出新疆乡村产业发展的持续改善。

11.2　新疆乡村产业振兴面临的挑战

11.2.1　政策执行机制有待完善

当前政府在新疆乡村产业振兴、共同富裕方面制定多项政策，然而，在实际工作中，各级政府以及乡镇企业面临相关政策执行机制不健全问题，其主要表现在各部门职责不明、执行牵头部门协调难等方面。

对于乡村振兴、乡村产业发展主要负责部门是农业农村部门，但多部门均有乡村振兴发展的任务，这就造成各部门间缺乏工作协调机制，影响了乡村产业发展。

11.2.2　城乡区域发展不平衡

新疆城乡发展不平衡制约乡村产业发展。第一，发展资源配置不均衡。乡村产业发展资源不平衡束缚当地发展，以农业为例，新疆多数地区的特产水果、谷物、干果等由于没有稳定的销售渠道，导致大量的农产品滞销，畜牧产品也面临相同的问题，尽管新疆农业拥有独特的资源和优势，但是基础设施不完善、技术水平相对较低以及市场化程度不足，乡村产业的发展仍然滞后。同时新疆乡村地区的产业结构单一，缺乏多元化的产业支撑，导致经济发展动力不足。第二，投资机会的匮乏制约乡村产业规模发展。新疆部分乡镇企业产品类型、质量相对较好，然而因受到资金短缺的困扰无法做大做强，并且乡村企业接受投资的可能性有限，这都限制着当地企业做大做强。第三，城乡资源配置不均衡。城镇相比乡村来说拥有更多的资金、技术和人才支持，乡村地区相对缺乏，这种资源配置不均制约乡村经济的发展，导致城乡发展不平衡。

11.2.3　城乡居民收入差距大

首先，农业现代化程度低。新疆虽然拥有丰富的农业资源，但是农业现代化程度相对较低，农业生产方式相对城镇落后，影响了新疆农业生产效率的提高和农民收入的增加。其次，产业结构差异造成城乡收入差距大。新疆城市经济主要以第二、三产业为主，而乡村主要以第一产业农业为主，由于第二、三产业收入普遍偏高，农业收入普遍偏低，这种产业结构直接导致了城乡居民收入的差距。同时，教育水平差异造成城乡收入差距大，人才流失情况明显，从2020年到2022年，新疆全区农村居民净流出达到22.74万人，其中受过高等教育的青年人流失明显，年轻人认为相较于农村，城市的发展机会更多，更乐于在城市定居发展。

11.3 新疆乡村产业振兴的制约因素分析

11.3.1 新疆乡村缺乏产业振兴的外部条件

受地理位置、自然环境等制约，新疆产业振兴的外部驱动因素也相对有限，其主要表现在外部投资少、外部合作少等方面。

新疆乡村产业发展的资金来源主要是内部筹资，很少有外部资金进入。在2022年博州乡村发展中，外部资金投资乡村企业的比例仅占到11.6%。同时外部企业与新疆乡村产业合作也相对较少，很少有相关的企业主动与新疆乡村产业进行合作，这都加剧了乡村产业振兴发展的难度。

11.3.2 农村产业结构和经济结构单一

新疆的乡村产业结构主要以农业为主，农产品销售、畜牧产品销售是主要内容，导致新疆乡村企业的模式单一，乡村发展的产业结构也较为单一。2022年新疆乡镇企业中，91.57%是以农产品种植和加工为主，其产业结构相对较为简单，科技成分、技术含量等均相对较低，企业的规模相对较小，抵抗自然灾害、降低市场风险的能力较弱。

11.4 乡村产业振兴赋能农民农村共同富裕的对策

11.4.1 发挥政府主导作用

一要明确各部门和牵头执行部门职责。根据国家和地方的政策法规，结合新疆的实际情况，明确各部门在乡村产业振兴中的具体职责和任务，比如：农业部门负责农产品种植、加工和销售环节的指导和服务；工业部门负责农村工业企业的发展和管理；服务业部门负责乡村旅游、农村电商等新兴产业的发展和推广。确定一个或多个牵头执行部门，明确在乡村产业振兴过程中的职责和任务，应该负责制定和执行相关政策、协调各部门工作、推动项目实施。二要建立跨部门合作协调机制。政策实行过程中可以组建相关的协调小组或委员会，定期召开会议，研究解决乡村产业发展过程中的问题，促进部门之间的合作和沟通，形成合力推进工作进程的良好局面。三要加强信息共享和资源整合，建立信息共享平台，实现各部门之间的信息互通和资源共享，这将有助于减少信息传递的时间和成本，提高工作效率，同时促进各部门合作。四要完善监管机制和考核机制。建立健全监管机制和考核机制，对各部门推动乡村产业发展情况进行监督和评价，并将考核结果作为评价政府工作绩效的重要指标之一，确保各项乡村产业振兴政策得到有效的落实。

11.4.2　优化城乡区域发展结构

优化当前新疆城乡发展结构，努力缩小城乡二元结构差距。一是可以设立市场信息中心。为乡村企业提供市场信息和推广支持，帮助乡村更好地了解到市场的需求；鼓励乡村企业积极寻找市场合作伙伴，建立并扩大销售渠道；举办各类展会和交流活动，让新疆特色农产品走出去；同时积极完善新疆乡村特色产业品牌体系，彰显地域特色和优势，着力在“特、新、优、绿、实、强”等六个方面下功夫，提升产业基础能力，推动产业转型升级并抓好乡村产业特色品牌的质量监管。二是提供金融政策支持。主要通过设立农村金融机构，为乡村企业和农民提供贷款和信用担保；鼓励农村合作社扩大金融服务范围，帮助农村获得资金支持；同时推动互联网金融进入乡村，提供线上融资渠道，降低融资成本，加大财政的投入，提供税收优惠的支持，引导更多的资金和资源流入新疆乡村产业融合发展领域来解决投资机会匮乏的困境。三是推动城乡资源共享。城市具有较为丰富的资金、技术和人才资源，应鼓励城市资源向农村流动，支持乡村产业发展。同时，农村可以发挥自身在生态、文化等方面的优势，与城市形成互补，实现城乡资源共享和互利共赢。

11.4.3 优化农村产业结构

一方面，重点壮大特色农业产业。引入现代农业技术和管理方法，提高农业生产效率和质量，降低生产成本，增加农民收入，结合新疆独特的地理和气候条件，大力发展具有地方特色的农业产业，如优质棉花、特色林果等，增加农产品的附加值和市场竞争力。政府应加强对农村农业特色产业发展的政策引导和资金支持，鼓励农户积极参与种植，形成规模优势，提高农户农业收入。同时，可以采用“项目公司+龙头企业+农户”的合作模式，由政府牵头，引进龙头企业，建立完整的特色农业产业链，进一步增强产业的发展后劲，构建农业产业的新布局、新模式。

另一方面，加快农村产业结构的调整。要立足当地资源禀赋和产业基础，促进一二三产业的深度融合，构建现代农业产业体系。要大力发展特色种植业、生态养殖业等现代农业，推动农产品精深加工，延伸产业链条，拓展产品的深加工线，实现产业资源的高效利用，最大限度地发挥农业产业的价值。同时积极培育乡村旅游、休闲农业、农村电商、民宿经济、康养旅游等新业态，推动“农业+旅游+文化”融合发展。通过产业结构优化升级，可以提高农产品附加值，拓宽农民增收渠道，最终实现农业增效、农民增收、农村繁荣的多赢局面。

11.4.4 加强乡村人才队伍建设

人才队伍建设是推动新疆乡村产业振兴和缩小城乡差距的关键，一方面要对外引进人才，另一方面也要培养自己的人才队伍。在引进人才上，首先要对乡村产业需求人才有基本认识，根据产业发展的需求对外引进相关人才；其次，对于引进的人才要为其营造适合的发展空间，让其在新疆乡村产业振兴中发挥其专业所长，助力产业发展；最后，要对新疆乡村产业振兴引进的人才提供人文关怀，保障其在乡村生活发展的基本需求，要做到人才留得住。在人才队伍培养上，要加强对本地人才的培养，相较于外来引进人才，本地人才对于新疆乡村发展的现状认识深刻，对于乡村企业的运营模式等也较为熟悉，这都是其发展的优势。一方面，通过农户技术培训及特派技术员现场指导等方式，加快现代化农业生产技术的推广和应用，提高农业科技服务农业产业发展的效能，培养一批有文化、懂技术、会经营的新型农民，构建产业帮扶到人入户的新模式，推动当地特色农业产业实现高质量发展。另一方面，要对本地人才开展相关产业发展培训，提升本地人才在产业发展、企业运营、技术创新方面的能力，优化人才队伍的人员组成，建立乡村产业振兴发展的高水平人才队伍，为乡村产业发展提供人才保障。

11.5　本章小结

本章通过对新疆乡村产业发展面临问题进行深入分析，探讨了制约发展的主要因素，结合实际提出了自己的对策建议：发挥政府主导作用，优化城乡区域发展结构，优化农村产业结构，加强乡村人才队伍建设，从而加快乡村产业发展进程，推进农民农村现代化发展，赋能农民农村共同富裕。

参考文献

［1］新华社. 中共中央国务院关于学习运用“千村示范、万村整治”工程经验有力有效推进乡村全面振兴的意见［N］. 人民日报，2024-02-04（1）.

［2］习近平. 高举中国特色社会主义伟大旗帜为全面建设社会主义现代化国家而团结奋斗——在中国共产党第二十次全国代表大会上的报告（2022 年 10 月 16 日）［M］. 北京：人民出版社，2022：67，30-31.

［3］张建伟，图登克珠. 乡村振兴战略的理论、内涵与路径研究［J］. 农业经济，2020（7）：22-24.

［4］李长学. 论乡村振兴战略的本质内涵、逻辑成因与推行路径［J］. 内蒙古社会科学（汉文版），2018，39（5）：13-18.

［5］徐美银. 乡村振兴战略的科学内涵、动力机制与实现路径研究［J］. 农业经济，2019（12）：3-5.

［6］严宇珺，龚晓莺. 新发展格局助推乡村振兴：内涵、依据与路径［J］. 当代经济管理，2022，44（7）：57-63.

［7］钟姝，李雄，张云路. 绿色发展理念引领下的乡村振兴内涵解读、实现机制和实施路径研究［J］. 中国园林，2022，38（6）：35-39.

［8］王玉海，李顺强，张琦. 共同富裕目标下的乡村振兴战略：内在机理与路径选择［J］. 北京师范大学学报（社会科学版），2022（6）：107-115.

［9］郑有贵. 着力解决“三农”问题推动乡村振兴［J］. 红旗文稿，2022（10）：39-42.

［10］郑燕. 文化记忆嵌入乡村振兴的路径与跨界实践［J］. 山东社会科学，2022（6）：187-192.

［11］刘晓红. 西部民族地区乡村振兴的人本价值实现研究［J］. 民族学刊，2022，13（1）：20-31+133.

[12] 朱德全，沈家乐. 职业教育服务乡村振兴的经济逻辑：新内源性动能与作用机理 [J]. 教育与经济，2022，38（3）：25-34.

[13] 李小波，张利云. 农村职业教育人才培养助力乡村振兴的路径探究 [J]. 教育与职业，2022（13）：65-69.

[14] 张蕴萍，栾菁. 数字经济赋能乡村振兴：理论机制、制约因素与推进路径 [J]. 改革，2022（5）：79-89.

[15] 徐雪，王永瑜. 中国乡村振兴水平测度、区域差异分解及动态演进 [J]. 数量经济技术经济研究，2022，39（5）：64-83.

[16] 文军，刘雨航. 面向不确定性的乡村数字化建设及其实践启示 [J]. 西北农林科技大学学报（社会科学版），2022，22（5）：62-71.

[17] 王红. 乡村振兴战略背景下金融支持与农业产业发展创新路径 [J]. 农村经济与科技，2022，33（24）：211-214.

[18] 孟维福，李莎，刘婧涵，等. 数字普惠金融促进乡村振兴的影响机制研究 [J]. 经济问题，2023，（3）：102-111.

[19] 温涛，何茜. 全面推进乡村振兴与深化农村金融改革创新：逻辑转换、难点突破与路径选择 [J]. 中国农村经济，2023，（1）：93-114.

[20] 肖卫东. 特色产业赋能乡村振兴的内在逻辑与行动路径 [J]. 理论学刊，2023，（1）：117-126.

[21] 黄承伟. 在共同富裕进程中防止返贫与全面推进乡村振兴：理论逻辑、实践挑战及理念创新 [J]. 西北师大学报（社会科学版），2023，60（1）：5-12.

[22] 蔡文伯，贺薇宇. 我国乡村振兴发展水平综合评价研究 [J]. 重庆大学学报（社会科学版），2023，29（1）：102-116.

[23] 田祥宇. 乡村振兴驱动共同富裕：逻辑、特征与政策保障 [J]. 山西财经大学学报，2023，45（1）：1-12.

[24] 雷明，于莎莎. 乡村振兴的多重路径选择——基于产业、人才、文化、生态、组织的分析 [J]. 广西社会科学，2022，（9）：1-14.

[25] 唐任伍，许传通. 乡村振兴推动共同富裕实现的理论逻辑、内在机理和实施路径 [J]. 中国流通经济，2022，36（6）：10-17.

[26] 李健. 数字技术赋能乡村振兴的内在机理与政策创新 [J]. 经济体制改革，2022，（3）：77-83.

［27］文军，刘雨航. 迈向新内生时代：乡村振兴的内生发展困境及其应对［J］. 贵州社会科学，2022，（5）：142-149.

［28］徐雪，王永瑜. 中国乡村振兴水平测度、区域差异分解及动态演进［J］. 数量经济技术经济研究，2022，39（5）：64-83.

［29］张琦，庄甲坤，李顺强，等. 共同富裕目标下乡村振兴的科学内涵、内在关系与战略要点［J］. 西北大学学报（哲学社会科学版），2022，52（3）：44-53.

［30］文丰安. 全面实施乡村振兴战略：重要性、动力及促进机制［J］. 东岳论丛，2022，43（3）：5-15.

［31］张旺，白永秀. 中国乡村振兴水平的区域差异、分布动态演进及空间相关性研究［J］. 数量经济技术经济研究，2022，39（2）：84-102.

［32］张挺，李闽榕，徐艳梅. 乡村振兴评价指标体系构建与实证研究［J］. 管理世界，2018，34（8）：99-105. DOI：10. 19744/j. cnki. 11-1235/f. 2018. 08. 009.

［33］陈锡文. 实施乡村振兴战略，推进农业农村现代化［J］. 中国农业大学学报（社会科学版），2018，35（1）：5-12. DOI：10. 13240/j. cnki. caujsse. 20180202. 001.

［34］刘合光. 乡村振兴战略的关键点、发展路径与风险规避［J］. 新疆师范大学学报（哲学社会科学版），2018，39（3）：25-33.

［35］Barro R J. Quantity and Quality of Economic Growth［J］. Working Papers Central Bank of Chile，2002，5（2）：17-36.

［36］Zhi C. An Analysis of Promoting High-Quality Development of Regional Economy by Vigorously Development Digital Economy［J］. Financial Engineering and Risk Management，2023，6（5）.

［37］Mao J，Wang Z，Ma T. Dynamic Evolution of High-Quality Economic Development Levels：Regional Differences and Distribution in West China［J］. Land，2023，12（11）：1975.

［38］金海峰，李圣华，张荣. 西部民族地区数字普惠金融、产业结构升级与经济高质量发展［J］. 黑龙江民族丛刊，2023，（4）：74-81.

［39］黄毅，周俐. 数字普惠金融助力经济高质量发展［J］. 财富时代，

2023，（8）：58-60.

［40］张莹. 河南省数字普惠金融对县域经济高质量发展的影响研究［D］. 河南：河南工业大学，2023.

［41］袁伟，李如心，刘婧敏. 上海：以数字经济推动高质量发展［J］. 中国信息界，2020，（3）：52-55.

［42］宋洋. 经济发展质量理论视角下的数字经济与高质量发展［J］. 贵州社会科学，2019，（11）：102-108.

［43］张建伟，蒲柯竹，图登克珠. 中国农业经济高质量发展指标体系构建与测度［J］. 统计与决策，2021，37（22）：89-92.

［44］陈燕翎，庄佩芬，彭建平. 贸易开放对农业经济高质量发展的影响——基于农业绿色全要素生产率的视角［J］. 生态经济，2021，37（12）：105-114.

［45］徐苗，郝儒杰，罗一平. 数字赋能农业经济高质量发展［J］. 科技中国，2021，（12）：46-50.

［46］向云，杨艳晶，陆倩. 中国省域农业经济高质量发展测算及时空演进分析［J］. 资源开发与市场，2022，38（3）：257-264，327.

［47］蒋辉，张驰，蒋和平. 中国农业经济韧性对农业高质量发展的影响效应与机制研究［J］. 农业经济与管理，2022，（1）：20-32.

［48］向云，李芷萱，陆倩. 中国农业经济高质量发展的空间非均衡及收敛性［J］. 中国农业大学学报，2022，27（11）：305-316.

［49］尹朝静，高雪，杨坤. 中国农业高质量发展的区域差异与动态演进［J］. 西南大学学报（自然科学版），2022，44（12）：87-100.

［50］王琳，吕萍，贾峤. 基于熵值法的农业经济高质量发展评价研究——以辽宁省为例［J］. 农业经济，2023，（2）：3-6.

［51］陈文江，鲁祥宇. 我国农业农村高质量发展的进程与推进路径［J］. 学术交流，2022（11）：127-138.

［52］柳晶晶，胡勇. 高质量发展背景下农业技术创新与农业经济发展的耦合研究［J］. 农业经济，2022（9）：3-5.

［53］朱晓杰. 科技金融政策、产业结构转型升级与农业经济高质量发展［J］. 区域经济评论，2023（5）：60-69.

［54］曹模珍. 普惠金融支持农业经济高质量发展的路径研究［J］. 农业经济，2023（6）：124-126.

［55］张建伟，曾志庆，李国栋. 新时代农业经济高质量发展：理论阐释与逻辑机理［J］. 农业经济，2023（4）：3-5.

［56］罗玲玲. 基于乡村振兴背景的农业高质量发展相关问题与对策研究［J］. 农业经济，2023（7）：3-6.

［57］刘晓倩，李玲. 粮食主产区农业经济高质量发展评价与时空变化特征研究［J］. 农业现代化研究，2023，44（5）：765-776.

［58］肖帆. 乡村振兴战略下农业经济高质量发展路径探索［J］. 山西农经，2022（22）：54-56.

［59］董志勇，李大铭，李成明. 数字乡村建设赋能乡村振兴：关键问题与优化路径［J］. 行政管理改革，2022（6）：39-46.

［60］张筱根，韩建民. 生态农业产业促进我国经济高质量发展的路径——基于乡村振兴视角［J］. 热带农业工程，2023，47（5）：29-31.

［61］高泽琛. 乡村振兴战略下农业经济高质量发展困境及对策研究［J］. 智慧农业导刊，2024，4（3）：109-112.

［62］王荣. 乡村振兴背景下农村经济高质量发展的人才战略意义［J］. 农业经济，2022（5）：117-119.

［63］李娜，张敏杰. 乡村振兴下的农村经济高质量发展路径研究——以许昌市为例［J］. 农业与技术，2023，43（22）：137-142.

［64］张聪聪. 乡村振兴战略背景下农业经济高质量发展路径［J］. 农村科学实验，2024（9）：7-9.

［65］吴建光. 推动新时代农业经济高质量发展的路径研究［J］. 财经界，2023（24）：18-20.

［66］王军. 农业经济可持续发展问题研究［J］. 河南农业，2018（2）：10+15.

［67］李玉广. 农业经济可持续发展的问题探讨［J］. 农业开发与装备，2020（2）：18+22.

［68］鄂晓艳. 对加强农村经济可持续发展的思考［J］. 农民致富之友，2014（19）：69.

[69] 唐功军. 农业与农村经济可持续发展理论研究述评 [J]. 农民致富之友, 2017 (6): 43.

[70] 刘培林, 钱滔, 黄先海, 董雪兵. 共同富裕的内涵、实现路径与测度方法 [J]. 管理世界, 2021, 37 (8): 117-129.

[71] 杨文圣, 李旭东. 共有、共建、共享: 共同富裕的本质内涵 [J]. 西安交通大学学报 (社会科学版), 2022, 42 (1): 10-16.

[72] 席恒, 王睿, 祝毅, 余澍. 共同富裕指数: 中国现状与推进路径 [J]. 海南大学学报 (人文社会科学版), 2022, 40 (5): 45-57.

[73] 邹克, 倪青山. 普惠金融促进共同富裕: 理论、测度与实证 [J]. 金融经济学研究, 2021, 36 (5): 48-62.

[74] Julio A. Berdegué, Germán Escobar. Rural diversity, agricultural innovation policies and poverty reduction [J]. Agricultural Research & Extension Network, 2001.

[75] Kuhn P, Skuterud M. Internet job search and unemployment durations [J]. American EconomicReview, 2004, 94 (1): 218-232.

[76] Ahmad Seemab; Khan Dilawar; Haq Ihtisham ul. Assessing the role of information and communication technology in reducing the gap between rich and poor: the case of South Asia [J]. International Journal of Social Economics, 2022.

[77] 芮明杰. 中小企业转型升级与现代化产业体系高质量发展 [J]. 人民论坛·学术前沿, 2023, (5): 71-79.

[78] 范合君, 何思锦. 现代产业体系的评价体系构建及其测度 [J]. 改革, 2021, (8): 90-102.

[79] 李政, 王一钦. 我国现代产业体系的测度及发展状况研究——来自我国地级市层面的经验证据 [J]. 工业技术经济, 2022, 41 (10): 67-76.

[80] 黄汉权, 盛朝迅. 现代化产业体系的内涵特征、演进规律和构建途径 [J]. 中国软科学, 2023, (10): 1-8.

[81] 王薇, 任保平. "新基建" 促进现代化产业体系构建: 作用机制、约束条件与优化路径 [J]. 改革与战略, 2023, 39 (1): 119-131.

[82] 农业现代化评价指标体系构建研究课题组, 张淑英, 夏心旻. 农业现代化评价指标体系构建研究. 调研世界, 2012 (7): 41-47.

[83] 李季刚，郝福莱. 数字普惠金融是否缩小了农业现代化发展差距[J]. 农林经济管理学报，2023，22（3）：263-271.

[84] 国务院发展研究中心农村经济研究部课题组，叶兴庆，程郁. 新发展阶段农业农村现代化的内涵特征和评价体系［J］. 改革，2021，331（9）：1-15.

[85] 汤瑛芳，张东伟，乔德华，等. 甘肃市州农业现代化发展综合评价[J]. 中国农业资源与区划，2020，41（9）：198-206.

[86] 高芸，蒋和平. 我国农业现代化发展水平评价研究综述［J］. 农业现代化研究，2016，37（3）：409-415.

[87] 钟丽娜，李松柏. 陕西省农业现代化发展水平综合评价［J］. 农业现代化研究，2018，39（1）：57-64.

[88] 陈慧卿，曾福生. 湖南省农业农村现代化发展水平测度及其区域差异[J]. 经济地理，2022，42（11）：185-194.

[89] 钟海，苏航. 推动农民农村共同富裕：时代意义、现实阻碍与实践进路［J］. 西安财经大学学报，2023，36（4）：22-34.

[90] 王轶，刘蕾. 农民工返乡创业何以促进农民农村共同富裕［J］. 中国农村经济，2022，（9）：44-62.

[91] 洪茹菲，吴建华. 数字经济、基本公共服务均等化与农民农村共同富裕［J］. 西南民族大学学报（人文社会科学版），2023，44（6）：123-132.

[92] 张淑惠，刘瀚宇，文雷，等. 财政支农是否促进农民农村共同富裕——基于财政衔接资金的一般均衡研究［J］. 陕西师范大学学报（哲学社会科学版），2023，52（2）：103-115.

[93] 王瑞峰. 数字普惠金融、农业农村高质量发展与农民共同富裕［J］. 中国流通经济，2023，37（6）：90-103.

[94] 徐鹏杰，杨宏力，韦倩. 我国共同富裕的影响因素研究——基于现代产业体系与消费的视角［J］. 经济体制改革，2022，234（3）：16-24.

[95] 孙丽伟，郭俊华. 共同富裕背景下现代产业体系影响机制分析［J］. 云南民族大学学报（哲学社会科学版），2023，40（1）：143-151.

[96] 魏后凯，崔凯. 农业强国的内涵特征、建设基础与推进策略［J］. 改革，2022，346（12）：1-11.

[97] 涂圣伟. 中国式农业现代化的基本特征、动力机制与实现路径［J］.

经济纵横，2023，446（1）：84-92.

［98］黄烨炜. 乡村数字经济与农民农村共同富裕研究［D］. 江西财经大学，2023.

［99］习近平. 扎实推动共同富裕［J］. 求是，2021（20）：4-8.

［100］叶兴庆. 以提高乡村振兴的包容性促进农民农村共同富裕［J］. 中国农村经济，2022，（2）：2-14.

［101］赵培，郭俊华. 产业振兴促进农民农村共同富裕：时代挑战、内在机理与实现路径［J］. 经济问题探索，2022，（9）：1-11.

［102］黄成亮. 数字经济背景下我国农业贸易高质量发展研究［J］. 农村经济与科技，2023，34（4）：229-232.

［103］刘艺卓，尹文渊，林志刚. 高质量发展视域下我国农业贸易：内涵、现状及对策分析［J］. 国际贸易，2022，（9）：10-19.

［104］蓝海涛. 国际农业贸易制度与中国农业政策调整［D］. 南京农业大学，2001.

［105］张树淼. 中国粮食进出口问题研究［D］. 武汉大学，2015.

［106］陈祥新. TPP 协议对我国农业贸易的影响研究［D］. 中国农业科学院，2018.

［107］张姝. 调整压力视角下的农业贸易开放与保护研究［D］. 南京农业大学，2012.

［108］马林静. 我国外贸“十三五”发展回顾及“十四五”展望［J］. 国际贸易，2021，（10）：28-36.

［109］庞华，陈庆文. 高质量发展视角下我国对外贸易水平综合评价［J］. 天津商业大学学报，2021，41（2）：22-27.

［110］郭惠君，王黎瑶. 全球价值链重构下我国贸易高质量发展的机制及对策［J］. 国际经济合作，2020，（6）：87-102.

［111］中国国际经济交流中心课题组，杜鹰，张秀青，谢兰兰，梁腾坚，张学彪，杨光，于敏. 新时期我国农业对外开放与高质量发展问题研究［J］. 全球化，2022，（1）：5-26+134.

［112］张晴. RCEP 实施对中国农业国际竞争力的影响研究［D］. 南京林业大学，2023.

[113] 高维龙. 中国粮食产业高质量发展驱动机制研究 [D]. 吉林大学, 2021.

[114] OECD/FAO. OECD-FAO agricultural outlook 2021-2030 [M]. Paris: OECD Publishing, 2022.

[115] OTSUKA K. Food insecurity, income inequality, and the changing comparative advantage in world agriculture [J]. Agricultural economics, 2013, 44 (s1): 7-18.

[116] World Trade Organization. World trade report 2019: The future of service trade [R]. Geneva: WTO Publications, 2019.

[117] 段凯. "一带一路"背景下中国与中亚五国农产品贸易现状分析 [J]. 湖北农业科学, 2022, 61 (23): 210-215. DOI: 10. 14088/j. cnki. issn0439-8114. 2022. 23. 042.

[118] Jiayi Wang; Xuemei Wang. TStudy on the Ternary Margin of China's Expor t Growth of Agricultural Products to RCEP Member Countries, 2021.

[119] Qiujin You; Chun Chen, Analysis on China's Export Brand Strategy, 2021.

[120] Mo Fan; Chee WeiMing. Country-of-origin effects on the brand image of agri cultural products in China, 2021.

[121] Hao Xiwen, Analysis of China's Agricultural Trade Changes under the RCE P Agreement, 2023.

[122] 刘良军. 做好乡村振兴"大文章" [J]. 支部建设, 2021, (13): 40-41.

[123] 牟秋菊. 产业扶贫衔接乡村产业振兴探析 [J]. 安徽农业科学, 2022, 50 (5): 237-239.

[124] 孟凡钊, 董彦佼. 乡村振兴背景下农村产业融合的现实意义和实现机制 [J]. 农业经济, 2022, (6): 12-14.

[125] 赵超. 乡村产业振兴的困境与实现路径 [J]. 当代县域经济, 2021, (11): 8-15. DOI: 10. 16625/j. cnki. 51-1752/f. 2021. 11. 004.

[126] 芮晨晶, 刘玉婕, 李子怡, 等. 当前乡村产业振兴的困境与发展路径研究 [J]. 当代农村财经, 2023, (8): 31-32.

[127] 张晓晓. 共同富裕视域下乡村产业振兴的困境与对策 [D]. 兰州财经

大学，2023. DOI：10. 27732/d. cnki. gnzsx. 2023. 000452.

［128］廖嗨烽，王凤忠，高雷. 中国乡村产业振兴实施路径的研究述评及展望［J］. 技术经济与管理研究，2021，（11）：112-115.

［129］李党正. 乡村产业振兴的现实问题及路径研究［J］. 现代农机，2023，（6）：29-31.

［130］King R. G.，R. Levine. Finance and Growth：Schumpeter Might Be Right［J］. Quarterly Journal of Economics. 2013，108：717-738.

［131］Najaf M M，Nazim A，Simki K，et al. Investigating the Role of Urban - Rural Economies in the Development of Rural Settlements：Fresh Evidence from Iran［J］. Asia-Pacific Journal of Rural Development，2022，32（2）：170-186.

［132］Tshikovhi N，More K，Cele Z. Driving Sustainable Growth for Small and Medium Enterprises in Emerging Urban - Rural Economies［J］. Sustainability，2023，15（21）：

［133］Kalogiannidis S，Papadopoulou I C，Loizou E，et al. Risk，Vulnerability，and Resilience in Agriculture and Their Impact on Sustainable Rural Economy Development：A Case Study of Greece［J］. Agriculture，2023，13（6）：

［134］Alam M M，Amin N M，Amin A. Sarojganj，the Largest Date Molasses Market（Khejurer Goorer Hat）in Bangladesh：How Did it Become a Rural Economy's Sustainable Local-Regional Hub?［J］. International Journal of Sustainable Development and Planning，2023，18（1）：

［135］李江南，潘海悦. 新疆乡村振兴与共同富裕的影响机制分析［J］. 昌吉学院学报，2024，（1）：33-38.

［136］王蜇，薛飞. 共同富裕视域下乡村产业振兴的困境及发展路径探析［J］. 村委主任，2023，（11）：74-76.

［137］章淑华. 共同富裕目标下乡村产业振兴的实践路径研究［J］. 现代农机，2023，（6）：26-28.

［138］叶兴庆. 新时代中国乡村振兴战略论纲［J］. 改革，2018，（1）：65-73.

［139］廖彩荣，陈美球. 乡村振兴战略的理论逻辑、科学内涵与实现路径［J］. 农林经济管理学报，2017，16（6）：795-802.